ADOLF HEINZLMEIER

Mickey Rourke

Der rebellische Hollywood-Star

BASTEI
LÜBBE

BASTEI-LÜBBE-Taschenbuch
Band 61 172

1. Auflage Februar 1990
2. Auflage August 1990

Erstveröffentlichung
© 1990 by Gustav Lübbe Verlag GmbH, Bergisch Gladbach
Printed in West Germany, August 1990
Einbandgestaltung: Roberto Patelli
Titelbild: Syndication International Ltd.
Satz: Fotosatz Froitzheim, Bonn
Druck und Bindung: Ebner Ulm
ISBN 3-404-61172-1

Inhalt

Die Filme

Vorspann

Dieses Buch gibt Einblicke in das Leben eines Hollywoodstars, der von den einen als Idol gefeiert und von den anderen als Ekel verschrien wird: Mickey Rourke, ein neues Gesicht aus der Traumfabrik, ein Star, der bereits Kultstatus besitzt.

Neben der Darstellung seiner ungewöhnlichen Karriere als Kinostar und einer kritischen Würdigung seiner Filme habe ich dabei den Versuch unternommen, das Phänomen Mickey Rourke nicht nur startypisch zu begreifen; vielmehr wurde er als Antiheld an den großen Rebellen der Filmgeschichte, Marlon Brando und James Dean, gemessen.

ADOLF HEINZLMEIER
Frankfurt, im November 1989

Mickey Rourke – Hollywoods Rebell nach Marlon Brando und James Dean

Dunkelblond, mit glatt geschnittenen Zügen, fällt er auf den ersten Blick nicht besonders auf. Wenn da nicht sein Lächeln wäre, hinter dem sich der Charme eines Wolfshundes verbirgt.

Durch dieses Lächeln ist er berühmt geworden – und durch seine chamäleonartige Verwandlungskunst. Er geht in jeder Rolle restlos auf, verschwindet regelrecht in ihr, versenkt sich in die dargestellte Figur bis an den Rand der Selbstaufgabe – und bleibt doch »the one and only« Mickey Rourke. Rourke, der Boxer, der Säufer, Dichter, Pokerspieler, der Sadist und böse Bube, der Rockerkönig ohne Reich. Rourke: das Kind der Straße. Man sieht seinen Augen an, daß ihn die Erfahrung der Gosse geprägt hat.

Seine Karriere kam mühsam in Gang, über Umwege, doch er selbst hat es sich auch nicht leicht gemacht. Mickey Rourke, der Schwierige. Immer wieder kann man lesen, daß er der schmuddelige Typ sei, unrasiert und ungewaschen, wie aus der Mülltonne gezogen. Daß er stinke; daß sich seine Partnerinnen angeblich ekeln, wenn sie mit ihm eine Liebesszene drehen müssen.

Der neue Rebell Hollywoods, ein Star mit einem unergründlichen Lächeln: engelsgleich, trügerisch, böse. Er ist ein Kind der Straße geblieben, unangepaßt, aber erfolgreich – ein wenig Dean, ein wenig Brando und viel Mickey Rourke.

Das sieht nach einem leicht gezimmerten Image aus, das die Journaille von ihm entworfen hat, um ihn schneller in eine Schublade stecken zu können. Rourke, der Rebell und Außenseiter, der nach Abschaum riecht und sich einfach nicht anpassen will, der den Verlierer so raffiniert spielt, daß er damit zum Gewinner wird: Rourke, der geheime Tagessieger.

Manche Reporter sind beim Interview dann erstaunt, daß er wie ein ganz normaler Mensch aussieht und nicht wie der Glöckner von Notre Dame. Rourke in Jeans und Jeansjacke, leichten Turnschuhen und T-Shirt. Eine sanfte, angenehme Stimme. Ein bißchen mehr Klimbim möcht' schon sein bei so einem Wunderknaben.

Mickey Rourke ist offensichtlich der Junge mit der starken Persönlichkeit, der sich nicht angepaßt hat. Und der deshalb auch mit jedem seiner Filme enorme Schwierigkeiten hatte. Aber trotzdem einen nach dem anderen machte und in jede Rolle den größtmöglichen Anspruch legte: Der größte Säufer wollte er sein, der schönste Heilige, der kaputteste Boxer. Rourke, der Größenwahnsinnige.

Diese Aufmüpfigkeit ist sicherlich das Faszinierendste an ihm. Das, wovon heute viele träumen, es aber nicht wagen, aus Angst vor Strafe: rebellisch sein, dagegen sein und trotzdem erfolgreich.

Dann dieses Lächeln. Es ist geheimnisvoll, magisch, unergründlich. Glatt, böse und unheimlich. Trügerisch, engelsgleich, grinst er nur für dich persönlich. »Seine

Lippen bekommen Grübchen in den Ecken – er scheint nur in seinem Kopf zu lächeln«, beobachtete die New Yorker Starkritikerin Pauline Kael. Dieses Lächeln kann man deuten, wie man will, aber es macht auch die bösen Buben menschlich, die er verkörpert hat, wie den machohaften Verführer John in *9 1/2 Wochen* oder den besessenen Cop Stanley White in *Im Jahr des Drachen*. Ein Lächeln wie ein Programm. Zeig mir, wie du lächelst, und ich sag dir, wer du bist. Auch Rebellen haben Humor, jedenfalls Sinn für Ironie oder das Allzumenschliche.

Nachdem man ihm dieses rebellische Image angepaßt hatte wie eine zweite Haut, mußte sich Rourke damit auseinandersetzen, arrangieren, wie auch immer. Seine Gereiztheit, seine geheime Wut, Unzufriedenheit kamen mit diesem Image irgendwann zur Deckung: Seitdem gibt sich Rourke mürrisch und sperrig, ist er das Ekel, das seinen schlimmen Ruf pflegt nach dem Motto: ja nicht angenehm auffallen.

»*Mickey ist genial und böse zugleich, mit dem Charme der Straße und der Möglichkeit, immer schnell abzuhauen.*«
ALAN PARKER

Doch im Gegensatz zu jenen seichten »Rebellen«, die sich dieses Mäntelchen schnell mal umhängen, um sich interessanter zu machen und besser verkaufen zu können, ist Mickey Rourke in dieser Haltung mit sich identisch: deshalb zieht er auch immer wieder gegen

Marlon Brando als Lederjacken-Rocker der fünfziger Jahre probte gegen das Establishment die Rebellion von unten.
James Dean gab der Jugend ein neues Gesicht und inszenierte den Aufstand der Söhne gegen die Väter.

die »feinen Pinkel« zu Felde, die jeden Morgen »mit goldenen Löffeln im Arsch« aufwachen, aber nichts zu sagen haben. Die »Brat-Pack«-Generation des neuen Hollywood, smarte Stars, die nur ihre schönen Gesichter hinhalten, aber nicht spielen können.
Marlon Brando als wilder Rocker und Underdog im verschwitzten T-Shirt war als Rebell der fünfziger Jahre eindeutig gesellschaftlich festgelegt. Er erschien als sozialer Außenseiter, als grober Klotz mit schlechten Manieren, der von ganz unten kam, um denen da oben mal kräftig auf die Finger zu klopfen. Nieder mit dem Establishment.
James Dean probte den Aufstand der Söhne gegen die Väter. Er gab der Jugend ein neues Gesicht, eine

Identität, die sich an der kleinkarierten und an Erfolg und Geld orientierten verkrusteten Generation der Eltern abarbeitete.

Mickey Rourke ist der Rebell des New Wave. Der Einzelkämpfer, der totale Nonkonformist, der in keine politische Richtung paßt. Dabei knüpft er an eine klassische amerikanische Tradition an, die in Deutschland nie Fuß fassen konnte – die Zivilcourage. Das Spiel: einer gegen alle.

Vom frühen Brando hat Rourke das Outfit des Rockers und ungehobelten Proleten übernommen, der von unten kommt, nach Schweiß riecht und die feinen Pinkel in ihren Seidenschlipsen, mit ihren Lamborghinis, fertigmacht. Von Dean hat er den sensiblen Mund des Youngsters, der ziellos den Aufstand probt. Doch Rourkes Rebellion ist nicht politisch-ideologisch zu bestimmen, weder nach dem Links-Rechts- oder Nord-Süd-Schubladendenken noch aus dem Klassenkampf-mief heraus noch aus dem ewig gleichen Söhne-Väter-Konflikt.

Rourke rebelliert gegen das Hollywood-Syndrom, gegen die Zwänge des Apparats, gegen die mittelmäßigen Champagnerstarlets und Supermänner, die nur eins im Kopf haben: Erfolg um jeden Preis und jede Menge Kohle. Denen die Sache egal ist und die *message*, eigentlich das ganze Zelluloid.

Sein Aufstand ist der des Gefährdeten und Verratenen, der immer volles Risiko geht, bis an den Rand der Selbstzerstörung, der gegen den Geist der Pseudo-

Rebellion rebelliert, den Schickimicki-Wahn des gestylten Zeitgeistlebens, das sich als glitzernde Oberfläche auf unsere Bildschirme legt.

Daß Rourke in Lederkluft auf seiner Harley Davidson die Gesellschaft der Biker sucht, mag dabei so etwas wie ein infantiles Relikt sein, die letzte verzweifelte Gegenwehr gegen den endgültigen Verlust der Kindheit.

Geschichte eines legendären Aufstiegs

Ein neuer Stern ist aufgegangen am Himmel Hollywoods. Mickey Rourke, Kultfigur und Frauenidol der achtziger Jahre, gilt als der schwierige Rebell der neunziger Jahre. Er wurde als der neue Marlon Brando, der James Dean der Postmoderne oder der neue Wer-auch-immer gehandelt. Aber Rourke hält nicht viel von Vorbildern, er weiß, wer er ist.

Er wohnt heute in einer Suite im Mayflower Hotel über den Dächern von Manhattan, besitzt ein Haus in Los Angeles, ein Büro mit Sekretärin und kann es sich leisten, eine Gage von zwei oder drei Millionen Dollar auszuschlagen für einen Film, der nicht seinen Vorstellungen entspricht – und kein Star wird heute so oft interviewt wie Rourke.

Das war natürlich nicht immer so. Noch vor zehn Jahren gehörte er zu den Nobodys in Hollywood; in dem Film *Die schönen Morde des Eric Binford* (1980) wird er als unwichtige Nebenfigur von dem Star Dennis Christopher nach zwei kurzen Szenen sang- und klanglos erschossen.

Rourke gehört zwar zu den Senkrechtstartern, der es mit wenigen Rollen geschafft hat, ganz nach oben zu

Mickey Rourke fühlte sich zu Hause im New York seiner Jugend.
Doch als er sieben war, trennten sich seine Eltern. Seine Mutter zog
mit ihm und seinem Bruder nach Miami.

17

kommen, aber verglichen mit anderen Größen der Branche muß man ihn ohne Zweifel als Spätzünder betrachten. Im Alter von vierundzwanzig Jahren, als James Dean von der Jugend schon als Idol umschwärmt wurde und dann bald mit seinem Porsche Spyder in den Tod raste, nahm Mickey Rourke noch in New York Schauspielunterricht und versuchte, sich als Würstchenverkäufer im Central Park über Wasser zu halten.

Kindheit und Jugend

Philip Andrew Rourke, wie er mit vollem bürgerlichem Namen heißt, wurde 1954 (andere Quellen nennen ein früheres Geburtsjahr) in dem Städtchen Schenectady, nördlich von New York, geboren. Er ist irischer Abstammung, sein Großvater war aus Cork eingewandert. Er betrieb, wie später sein Vater, eine Bar. Der Vater arbeitete außerdem als Hausmeister in einem Golfclub, er war Gewichtheber, und er war dem Alkohol zugetan, das heißt, er trank gern einen über den Durst, wie das bei Iren ja häufiger vorkommen soll.
Seine Eltern lagen sich oft in den Haaren, und dann schickten sie Mickey ein Stockwerk tiefer zu Oma, wo der Junge den ehelichen Marathon-Schlachten entkommen und fernsehen konnte und zudem noch mit feinem Gebäck verwöhnt wurde.
Als Mickey sieben war, ließen sich seine Eltern schei-

den. Die Mutter zog mit den drei Kindern und der Großmutter nach Miami in Florida. In Rourkes Erinnerung ist dieses Ereignis schmerzlich und dramatisch. Die Mutter erwähnte nur, sie würden verreisen und ihm ein Pferd schenken. Bevor sie losfuhren, kam der Vater ins Zimmer und sagte ihm die Wahrheit. Mickey tobte und wollte nicht mitfahren.

Er trug immer ein Bild seines Vaters bei sich, den er nach der Trennung siebzehn Jahre lang nicht sehen sollte. Seine Mutter heiratete ein Jahr später einen Polizeidetektiv, was zu erheblichen Spannungen in der Familie führte. Mickey mochte seinen Stiefvater nicht, er weigerte sich, »Dad« zu ihm zu sagen, und auch mit den Stiefbrüdern hatte er seine Probleme; er wurde von ihnen gehänselt und schikaniert. Doch anstatt sich zu wehren, zog er sich in sich selbst zurück. »Ich lebte damals ganz aus dem Kopf«, erinnert er sich an diese Zeit, »und flüchtete mich in Tagträume.«

Seine Mutter hatte einen Waschsalon eröffnet in Liberty City, einem rauhen, überwiegend von Farbigen bewohnten Vorort von Miami. Einige Jahre, nachdem Mickey Miami verlassen hatte, gab es dort einen Aufstand, bei dem achtzehn Personen getötet wurden.

Sein Zuhause war für ihn auf alptraumhafte Weise

unerträglich, und auch in der Schule verweigerte er sich. Er saß in der letzten Bank und döste vor sich hin. Die Schularbeiten ließ er häufig von seinem Großvater schreiben, der eine ungelenke Schrift besaß, was immer wieder unweigerlich auffiel. Rourke war kein guter Schüler. »Die Lehrer hielten mich für meschugge«, erzählt er, »sie meinten, ich würde den Kopf sabbernd schief halten, als sei ich in Gedanken Millionen Lichtjahre weg.«

»Mickey ist ein notorischer Lügner, jedesmal wenn er den Mund aufmacht, lügt er.«
        Adrian Lyne, Regisseur von »9 1/2 Wochen«

In diesem Alter entwickelte sich Mickey Rourke zum perfekten Lügner. »Wenn du in harmonischen Familienverhältnissen aufwächst, hast du es nicht nötig, zu schwindeln. Bei mir war es anders. Wenn ich mit meinen Freunden damals zusammen war, log ich, daß sich die Balken bogen. Ich wollte nicht zugeben, wie beschissen es bei uns zu Hause zuging. Ich log so gut, daß ich selbst dran glaubte. Wenn es dir so schlecht geht, mußt du etwas tun, um dich wieder aufzubauen.«

Miami Beach

Als Mickey fünfzehn war, zog die Familie nach Miami Beach, in eine bessere Gegend. Auch das gefiel ihm nicht; er hatte gerne in den Straßen von Liberty City herumgehangen, wo er viele Freunde unter den Schwarzen besaß.

Nun kam sein aufmüpfiges Naturell zum Vorschein. Er und sein Bruder kleideten sich wie die farbigen Kids, mit schwarzen Schuhen und weißen Socken, knallbunten T-Shirts und hautengen Hosen. Da ihn die Situation in der Familie und der Schule frustrierte, suchte er Ausgleich beim Sport. Er profilierte sich als guter Baseballspieler, der eine dominante Rolle in der Schulmannschaft spielte, sich aber von niemandem etwas sagen ließ. Als er sich wieder einmal mit dem Trainer anlegte, wurde er aus dem Team gefeuert.

In dieser Zeit begann er auch zu boxen. Er besuchte vier Jahre lang das berühmte Fifth Street Gym, eine Sportschule, aus der auch Muhammed Ali und Jimmy Ellis hervorgingen. Mickey Rourke boxte verbissen und zäh, und es machte ihm zunächst Spaß, denn diese Sportart bot ihm die Chance, sich im Kampf Mann gegen Mann zu bewähren. Er besaß als Weltergewichtler eine ungewöhnliche Reichweite und verlor keinen seiner Amateurkämpfe, war aber zu faul und undiszipliniert, um es zum Profi zu bringen. Anstatt zu trainieren, verbrachte er die Nächte lieber mit seinen Freunden in der Kneipe, und mit dieser Haltung konnte er keine Karriere im Boxring machen. Eines Tages begriff er, daß er im Sport keine Zukunft hatte, und das machte ihn für eine Weile ziemlich fertig. Er war völlig down, aber er wußte, daß er etwas tun mußte, um nicht vor die Hunde zu gehen.

Damals schlug sich Mickey Rourke mit allen möglichen Jobs durch. Doch da er ein launischer Typ war, hielt es ihn nirgends lange. Als Elektriker arbeitete er nur einen Tag, und als Platzanweiser im Kino bekam er Streit mit einem Kollegen und wurde entlassen. Rourke war

Seine Jugenderfahrungen als Boxer hat Mickey Rourke später in dem Film *Homeboy*, zu dem er auch selbst das Drehbuch schrieb, verarbeitet.

schwierig und wählerisch. »Ich mochte den Vorarbeiter in der Werkhalle nicht. Und auch die Typen im Warenhaus gingen mir auf den Keks. Die Stechuhren waren mir besonders zuwider. Ich bin ein freier Mann und ich tue, was mir gefällt.«

Und es kam noch schlimmer. Mickey Rourke, das Kind der Straße, geriet in zwielichtige Gesellschaft, er verstrickte sich immer tiefer in kriminelle Halbweltkreise.

In den frühen siebziger Jahren verlagerte die vor Fidel Castro geflohene kubanische Mafia den Kokainhandel von Havanna auf das amerikanische Festland nach Miami. Und Rourke steckte in dieser Szene mittendrin. Er mußte seine Kumpel oft herausboxen oder bei Schlägereien Kopf und Kragen riskieren, und es wurde ihm klar, daß das auf die Dauer nicht gutgehen konnte: »Ich wußte, daß es da draußen immer einen gibt, der dich irgendwann am Arsch kriegt. Ich war mit siebzehn total unreif; meine Brüder und ich, wir waren wie Höhlenmenschen.«

Die Situation eskalierte, als die Kolumbianer anfingen, den Kubanern den Drogenhandel streitig zu machen. Immer mehr Freunde von Mickey Rourke wurden verhaftet oder mußten ins Gras beißen. Er spürte, daß auch er sehr gefährdet war.

»Drogen sind das letzte. Nichts für mich. Ich bin ein Kontrollfreak. Und mit Drogen behält keiner die Kontrolle.« MICKEY ROURKE

Einer seiner perspektivlosen Jobs war der eines Pool-Boys. In Miami Beach steht ein Hotel neben dem anderen. Ehe Rourke morgens zur Schule ging, legte er jeden Tag im Hotel die Matten an den Swimming-Pool. Bei dieser Gelegenheit lernte er ein Mitglied des örtlichen Theatervereins kennen. Dieser Mann, mit dem er sich anfreundete, schlug ihm vor, in dem Jean-Genet-Stück »Unter Aufsicht« eine Rolle zu übernehmen – das Drama sollte von einem Amateurtheater aufgeführt werden. Für Rourke tat sich eine neue Welt auf.

»Ich sah im Schauspielen die Rettung meines Lebens.«
MICKEY ROURKE

»Diese Innenwelten und Gewalttätigkeiten kannte ich. Auch wenn ich nicht am nächsten Morgen gehängt werden sollte, war es doch so, daß der Tod durchaus an der nächsten Ecke lauern konnte.«
Zum erstenmal sah Rourke eine winzige Chance, in seinem Leben etwas grundlegend zu verändern. Gerade kam ein Freund von ihm aus dem Knast, der wieder ein krummes Ding durchziehen wollte – doch Mickey hatte die Nase voll davon. »Ich wollte kein professioneller Herumtreiber werden.«

New York

Mit neunzehn kehrte Rourke Miami über Nacht den Rücken. Er kaufte sich ein Flugticket nach New York und versuchte, dort neu anzufangen. Er wollte Theater spielen. Rourke erzählt eine für ihn typische und kuriose Geschichte über seine Ankunft in New York. Er war ein Junge aus dem tiefen Süden, mit sehr vagen Vorstellungen von einer großen Metropole. »Ich war total ahnungslos, was New York betrifft. Jeder in Miami erzählte mir, ehe ich abfuhr, nimm ja kein Taxi mit einem Farbigen als Fahrer, die rauben dich aus. So kam ich also am Airport in New York an, und alle diese normalen unschuldig aussehenden schwarzen Taxidriver versuchten mir einen Wagen anzubieten, und ich antwortete: Ich brauche kein verdammtes Taxi. Daran sieht man, wie bescheuert ich damals war. Ich war ein Scharlatan und Traumtänzer.«

Trotzdem schaffte er es schließlich, ein »richtiges« Taxi zu kriegen, und fuhr mit seinem Koffer schnurstracks zum Actor's Studio. An Spinner und Wahnsinnige gewöhnt, behandelte man ihn dort mit äußerster Höflichkeit; die Voraussetzungen für eine Aufnahme in die legendäre Schauspielschule erfüllte er allerdings nicht.

In der folgenden Zeit mußte Rourke seine ganze Kraft auf den täglichen Kampf ums nackte Überleben konzentrieren. Er nahm damals mit besonderer Vorliebe Jobs an, für die er nicht geeignet war. Zudem lief er immer noch in seiner schrillen Miami-Zuhälter-Kleidung durch die Gegend. Die meiste Zeit saß er in Kaffeebars herum oder wartete stundenlang am Telegraphenamt auf den kleinen Betrag, den ihm seine Großmutter regelmäßig überwies. In jenen Tagen tat er nicht gerade viel, um seinem großen Ziel, Schauspieler zu werden, auch nur einen winzigen Schritt näher zu kommen. Die Jobs, die Rourke annahm, führten mit schöner Regelmäßigkeit in Sackgassen. Eine Zeitlang parkte er für eine Garage Wagen ein, aber er besorgte das so lustlos, daß er damit nie zum Garagen-Manager aufsteigen konnte. Dann war er Assistent eines Hundetrainers. Es machte ihm sogar Laune, einen Ice-Cream-Lieferwagen zu fahren; er sortierte die Gewehre bei einem Schützenverein und die Handtücher in einem Massagesalon. Und er ackerte als Möbelpacker in einem Warenhaus, in dem vor ihm schon Steve McQueen, Lee Marvin und Gene Hackman geschwitzt hatten. Sein lustigster Job und zugleich derjenige, in dem er sich am längsten hielt, war der als Würstchenverkäufer im Central Park. Er und sein Freund gingen jeden Morgen runter nach Greenwich Village, um den Wagen mit Brezeln und Würstchen aufzufüllen, und fuhren dann zum Central Park. Dort gab es anfangs Ärger, denn die Wagen mit den Würstchenverkäufern hatten ihre festgelegten Standplätze. Schließlich aber fanden Rourke und sein Kumpel eine Ecke, die ihnen niemand streitig machte.

Mickey Rourke bezog für 37 Dollar Wochenmiete ein Zimmer von der Größe einer Toilette im »Marlton

Im Alter von 24 Jahren, als James Dean bereits ein Idol der Jugend war, besuchte Mickey Rourke noch die Schauspielschule und hielt sich als Würstchenverkäufer im Central Park über Wasser.

Hotel« in Greenwich Village. Diese Wahl erwies sich als Glücksfall für ihn. Denn er begegnete dort Carl Montgomery, einem hünenhaften Mann mit schlohweißem Haar, der vom Theater besessen war und nach der Beschreibung von Mickey Rourke eine Mischung aus John Barrymore und Lorne Greene darstellte. Während in der Hotelhalle die Junkies herumhingen, saßen Rourke und Montgomery stundenlang vor dem Fernseher und diskutierten über Rollen, Stücke und Darsteller. Montgomery gab Mickey Bücher über die Dramaturgie und Theorie des Theaters. Und Rourke las alles, zu seiner eigenen Überraschung, wie er zugibt. Er besuchte zusammen mit Montgomery eine Reihe von Theateraufführungen – für ihn ein völlig neues Erlebnis –, und nachts erledigte er seine verschiedenen Jobs. Durch Montgomery bekam Rourke ein völlig neues Selbstverständnis, er warf nun endlich seine grellen Havanna-Klamotten in den Mülleimer. Von seinem gammeligen Outfit her muß man ihn in dieser Zeit als eine Mischung aus Rocker und Elvis-Fan einstufen.

Eines Tages erinnerte sich Rourke auch wieder an das Actor's Studio und seinen vergeblichen Versuch, dort aufgenommen zu werden.

Nachdem er sich zwei Jahre mit Vorübungen beschäftigt hatte, bestand er die Aufnahmeprüfung für jene von Lee Strasberg ins Leben gerufene Schauspielschule, die vor Rourke schon andere Berühmtheiten wie Marlon Brando, James Dean oder Marilyn Monroe besucht hatten.

Sandra Seacut

Damit hatte er den ersten entscheidenden Schritt zur Selbstfindung und Entwicklung seines schauspielerischen Talents getan. Für Rourke war der Sprung vom Herumtreiber, Boxer und Gelegenheitsarbeiter zum ernsthaften Schauspielschüler groß: »Ich durchlief zunächst eine Phase totaler Verwirrung. Es dauerte Jahre, bis ich soweit war, die Methode Stanislawskis auf mich zu übertragen. Und man kann die Methode nur auf sich persönlich beziehen. Ich war total desillusioniert.«

Entscheidenden Anteil daran hatte seine Lehrerin Sandra Seacut. Sie sah in Rourke einen Schüler, der es wert war, sich mit ihm zu beschäftigen: »Sie war der erste richtige Lehrer, den ich hatte. Ohne ihre Anleitung wäre ich mit der Schauspielerei nie weitergekommen. Sie schaffte es, daß es bei mir eines Tages Klick machte.«

Anfangs begriff Rourke, wie er selbst zugibt, nicht so recht, was die Leute in der Schauspielschule eigentlich trieben. Er hielt das Ganze für wenig sinnvoll. Deshalb beteiligte er sich zunächst in der Klasse von Sandra Seacut nicht; er verharrte ganz in der Rolle des passiven Beobachters. Es war dieselbe Situation wie auf der Schule; sobald sich eine Autorität vor ihm aufbaute, zog sich Rourke zurück und hielt sich aus allem heraus. Er empfand es als schockierend, etwas von sich selbst, seinem Innersten preiszugeben: »Ich lerne sehr lang-

Es dauerte eine Weile, bis sich Mickey Rourke unter Anleitung seiner Schauspiellehrerin Sandra Seacut innerlich öffnete und sein schauspielerisches Talent zum Vorschein kam.

sam. Es dauerte einige Jahre, bis ich mich gefangen hatte, denn ich war auch zuerst gar nicht so wild darauf, Schauspieler zu werden. Als Schauspieler mußt du dich öffnen. Bis dahin hatte ich aber mein Leben damit verbracht, die Dinge für mich zu behalten. Und jetzt sollte ich sie plötzlich herauslassen?«

Sandra Seacut gelang es, mit einem simplen Trick Rourkes Blockade zu durchbrechen. Sie forderte ihn auf, während die anderen Studenten eine Szene improvisierten, sich vor sie zu stellen und seine Schuhe zu putzen. Rourke führte diese rein äußerliche Handlung aus. Dann fragte sie ihn, ob er nicht seine Baseballschuhe aufschnüren könnte. Dabei bekam Rourke einen Ausbruch, denn mit dieser Aktion kam ihm in Erinnerung, welch wichtige Rolle Baseball einmal für ihn gespielt hatte. Es war für ihn, als hätte er eine Barriere durchbrochen. Zum erstenmal seit Jahren kamen Emotionen ungehindert aus ihm heraus.

Seither nahm Sandra Seacut in Rourkes Welt eine zentrale Rolle ein. Er blühte auf, konnte plötzlich ohne Hemmungen aufspielen, kreative Kräfte in sich freimachen. Wie in jenen Tagen, als Steve McQueen, Bronson und Eastwood ihm besonders gefielen, begann er nun wieder, andere Stars genau zu studieren. Er beschloß, nur in kompromißlosen Filmen mit großen Charakteren zu spielen.

Immerhin sammelte er jetzt täglich Erfahrungen als Schauspieler in Theorie und Praxis mit mehr oder weniger Lust an der Sache. Er wirkte an internen Studioaufführungen junger amerikanischer Autoren mit oder auch bei Off-Broadway-Produktionen. Stücke von Harold Pinter, Arthur Miller oder Samuel Beckett wurden ihm vertraut. Es bestand dabei immer die Gefahr, daß er mit dem Regisseur Krach bekam. In diesem Fall sollte sich, auf Anregung seiner Lehrerin, der widerspenstige Mickey Rourke nicht auf Leben und Tod in das Problem verbeißen, sondern sich lieber aus der Produktion zurückziehen, wenn das Stück ganz gegen seine Vorstellungen inszeniert wurde.

Seine Lehrerin hatte auch die Idee, daß tiefsitzende Probleme ihres Schülers möglicherweise mit ungelösten Konflikten aus seiner Jugendzeit und Sozialisation zusammenhingen. Deshalb arbeitete Sandra Seacut darauf hin, daß Rourke die Beziehung zu seinem leiblichen Vater wiederaufnahm. Als er gerade dabei war, als Prüfungsarbeit für das Studio eine Szene mit Brick und Big Daddy aus Tennessee Williams' »Die Katze auf dem heißen Blechdach« einzustudieren, nahm Rourke eines Tages den Bus hinaus nach Schenectady und sah seinen Vater zum erstenmal nach siebzehn Jahren wieder.

Das Treffen verlief zwar in herzlicher Atmosphäre, war aber enttäuschend für Mickey, denn er bemerkte verwundert, daß die prächtigen Muskeln, die er an seinem Vater als Kind geliebt hatte, verschwunden waren und er auch keine tiefere Bindung mehr zu ihm herstellen konnte. Mickey akzeptierte die 50 Dollar, die ihm sein Vater schenkte, und fuhr mit dem Bus zurück nach

New York. Obwohl er sich in den folgenden Jahren mit ihm Briefe schrieb, sah er seinen Vater nie wieder.

Im Actor's Studio fand Mickey Rourke immer mehr zu sich selbst. Und er wurde bald zu einem der herausragenden Studenten der Schule. Er trat in verschiedenen Studio-Aufführungen hervor, dabei zählte die Figur des Eddie aus Arthur Millers »Blick von der Brücke« zu seinen Glanzleistungen. Daß er am Actor's Studio viele Talente verkümmern sah, machte ihn skeptisch im Hinblick auf seine Karriere als Schauspieler. »Diese Burschen sind hochbegabt, geben ihr Bestes und spielen seit Jahren völlig unbeachtet auf einer winzigen Bühne in der 44ten Straße. Dann gehst du ins Kino und siehst Zwanzigjährige, die ihr Gesicht hinhalten und damit Millionen Dollar verdienen.«

Aus dieser Zeit stammt Rourkes Verachtung für die *Brat Pack People*, jene neue Generation junger Stars, die ohne große Ausbildung und schauspielerischen Ehrgeiz, mit nichts als einem modischen Gesicht und einer wohlproportionierten Figur ausgestattet gerade die Herrschaft über die moderne Kinolandschaft übernahmen.

Damals hatte er noch nicht den Wunsch, zum Film zu gehen; doch weil ein großer Teil der Aufführungen in New York damals Musicals und Revuen waren und Rourke weder singen noch tanzen konnte, riskierte er schließlich sein Glück in Hollywood.

Sandra Seacut und er standen irgendwann im Jahr 1978 nachts im Regen auf der Eight Avenue, und sie schrie ihn plötzlich an: »Wie soll das weitergehen mit dir? Willst du den Rest deines Lebens in der Schauspielschule verbringen? Hau ab! Arbeite!«

Fernsehen

Sein erstes Vorstellungsgespräch in Hollywood muß so frustrierend gewesen sein, daß Rourke schon zwei Wochen später nach New York zurückkehrte und beschloß, sich nie wieder an der Westküste sehen zu lassen. Doch diesen Vorsatz konnte er nicht durchhalten. Nachdem er in New York in eine Schlägerei verwickelt worden war, machte er auf Anraten von Sandra Seacut einen zweiten Ausflug nach Hollywood.

»Ich konnte nicht Arschkriechen, wußte aber, daß ich ohne Arschkriechen keinen Job kriegen würde.«

MICKEY ROURKE

Diesmal kam er nicht als völlig Unbekannter. Die Filmmanager Bob LeMond und Lois Zelter, die auch John Travolta betreuten, waren auf ihn aufmerksam geworden.

Wenn man als arbeitsloser Schauspieler selbst die Besetzungsbüros abklappert, hat man schlechte Karten.

Rourke hatte zwar jahrelang eine vorzügliche Ausbildung als Schauspieler erhalten, aber als es nun darum ging, eine Rolle in einem Film zu ergattern, brachte er keinen Fuß in die Studiotür. Er nahm sich ein billiges Zimmer am Hollywood Boulevard, arbeitete in Nachtclubs und als Parkwächter und besuchte regelmäßig die Besetzungsbüros. Schließlich stellte ihn Lois Zelter verschiedenen Agenten vor. »Eine Dame konnte sich ein Jahr lang nicht entscheiden, ob sie mich nun unter Vertrag nehmen sollte oder nicht; eine andere gab mir den Rat, alles zu vergessen und nach New York zurückzukehren. Dann unterhielt ich mich mit Bernie Carneol, und er bat mich, ihm einen klassischen und einen zeitgenössischen Text vorzusprechen; als ich damit fertig war, schob er mir den Vertrag über den Tisch, ich unterzeichnete, und seither ist er mein Agent ... Er ist ein junger Bursche, der gerade seine Agentur aufmachte, nachdem er die Schauspielerei an den Nagel gehängt hatte. Wir saßen viel zusammen, und er begann, rund um die Uhr für mich zu arbeiten.«

Rourke hatte sich entschlossen, auf jeden Fall jetzt einzusteigen und nicht als begabter, aber arbeitsloser Künstler den Rest seiner Tage zu versauern; er sagte sich, »du mußt ihnen den Krieg erklären, du mußt deine Rolle stehlen.« Das gelang ihm schließlich mit Bernie Carneols Hilfe. Wie in einer Serie von Spotlights war Mickey Rourke nun in winzigen Fernsehepisoden immer häufiger zu sehen. Der angehende Erfolgsschauspieler überwand seine Animositäten, nahm einfach alles an, was kam, und konnte damit für die

nächste Rolle wieder etwas vorweisen. Plötzlich gehörte er zu den wenigen Glücklichen, deren herausragende Qualitäten sofort in hellstem Licht erstrahlen. In diesen Jahren setzte Rourke die entscheidenden Akzente für seinen späteren Aufstieg. Er wirkte bei drei großen TV-Produktionen mit, wobei er immer besser herauskam. In »City in Fear« für die ABC war David Janssen der Star, Rourke wurde an siebter Stelle der Besetzungsliste geführt, in »Act of Love« rückte er als behinderter Motorradrocker bereits auf Platz drei vor; beim dritten Film hatte Rourke die Hauptrolle, eine unkonventionelle zwar, aber er stand an erster Stelle der Besetzungsliste. »Rape and Marriage: The Rideout Case« war ein dokumentarisches Melodram über einen

Mickey Rourke als sadistischer Ehemann in der amerikanischen Fernsehproduktion »Rape and Marriage: The Rideout Case« (1980). Die Geschichte ist einem authentischen Fall aus dem Staat Oregon nachgestellt. Der deutsche Video-Titel des Films lautet »Verhängnisvolle Leidenschaft«.

Fall von Vergewaltigung in der Ehe, der sich 1978 in Oregon abgespielt hatte.

Rourkes Verkörperung der Hauptfigur John Rideout war beängstigend authentisch, sein schwächlicher, immer zu Gewalt neigender Ehemann, der am Ende vom Gericht trotzdem freigesprochen wird, ließ sein großes Talent aufscheinen. Diese Rolle erscheint wie eine schmutzige Vorstudie zu seiner späteren Hochglanzfigur als sadistischer Lover in *9 1/2 Wochen*.

Rourke stand nun am Scheideweg. Seine Karriere beim Fernsehen war in die Gänge gekommen, die Frage lautete für ihn, ob er auf dieser Schiene weitermachen sollte. Das Fernsehen bringt Anerkennung, Bequemlichkeit, leicht verdientes Geld – aber auch die Gefahr, auf einen Typ festgelegt zu werden, Eintönigkeit und Rollen, die aus Klischees nie ganz ausbrechen können. Das Kino bietet dem Schauspieler größere Entfaltungsmöglichkeiten, aber weniger Rollen.

In dieser Situation wurde Rourke eine Rolle in einer TV-Serie angeboten, mit der er eine halbe Million Dollar verdient hätte. Er war zu diesem Zeitpunkt pleite und verdiente seinen Lebensunterhalt nachts als Rausschmeißer in einer Transvestiten-Show am Hollywood Boulevard. Trotzdem entschloß er sich, den mühsamen Weg einzuschlagen, das TV-Angebot abzulehnen und lieber Kino zu machen. Dabei hatte er mit dem Film bisher keine gute Erfahrung gemacht; 1979 war er von Michael Cimino für seinen gigantischen Superwestern »Heaven's Gate« verpflichtet worden; Rourke saß zwölf Wochen auf dem Set herum, aber die Rolle von Christopher Walkers Partner entwickelte sich nicht. Doch die Bekanntschaft mit Cimino brachte Mickey Rourke einige Jahre später die Hauptrolle in *Im Jahr des Drachen* ein. Zwei weitere Mini-Rollen folgten für den Newcomer: in Spielbergs *1941 – Wo, bitte, geht's zur Front* und die *Die schönen Morde des Eric Binford* von Vernon Zimmerman, in dem Rourke noch zu den Opfern zählt. Schließlich, in Lawrence Kadans *Eine heißkalte Frau*, hatte er wieder einen kleinen Part mit nur zwei Szenen zu spielen, aber diese Rolle war ausgezeichnet geschrieben, und Rourke verstand sie so zu gestalten, daß er sich ins Gedächtnis einprägte. Hier wurde zum erstenmal Rourkes ungewöhnliche Gestal-

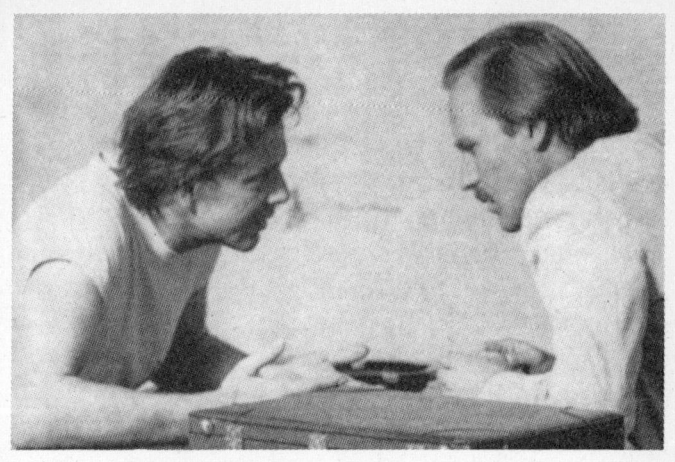

In *Die heißkalte Frau* hatte der angehende Star eine kleine Nebenrolle als Brandstifter (links Mickey Rourke, rechts William Hurt).

tungskraft spürbar. Er spielte den Brandstifter nicht,
wie üblicherweise Verbrecher dargestellt werden, als
plumpe, etwas dumpfe Figur, sondern als einen ausge-
flippten, von seiner kriminellen Energie Besessenen.
Einen Burschen in schwarzem T-Shirt und Jeans, mit
einer Perle im Ohr, der als Brandstifter dem Anwalt mit
heiser wispernder Stimme schreckliche Prophetien
zuflüstert. Diese Nebenfigur des Teddy Lewis war eine
erste ungewöhnliche Talentprobe des Mickey Rourke.
Auch die Starkritiker wurden allmählich auf ihn aufmerksam, man handelte ihn als Geheimtip, und es war
nur noch eine Frage der Zeit, wann Rourke in einem
Kinofilm seine erste große Rolle spielen würde.

Eine gelungene Filmkomödie

Der Film hieß *Diner* und war eine spritzig-nostalgische Komödie über die Jugend der fünfziger Jahre. *Diner* wurde ein Flop. Es war eine Geschichte ohne Stars, die nirgendwo hinführte. MGM war wohl der Ansicht, daß es sich dabei um eine dieser frechen Sexklamotten im Stil von *Porky's* oder *Eis am Stil* handelte. Doch als die Bosse den ersten Rohschnitt sahen, wurde ihnen klar, daß *Diner* ein ganz anderer und dazu noch schwer verkäuflicher Film war. *Diner* wurde kurz auf einigen Nebenmärkten mit mäßigem Erfolg getestet, dann nahm ihn MGM aus dem Programm.

Dabei spielte Mickey Rourke zum erstenmal in einem Kinofilm die Hauptrolle. Es ging um den Erstling des begabten Autorenfilmers Barry Levinson (Buch, Regie), und der wollte zum Glück nicht unter Wert geschlagen werden. Er organisierte kurzerhand eine Sondervorführung für die New Yorker Filmkritiker in der Hoffnung, daß der Film dann wenigstens in der Metropole gezeigt werden würde. Seine Hoffnungen wurden erfüllt. Die Journalisten fanden es nicht nur mutig und bewundernswert, einen Film mit diesem Trick durch die Hintertür doch noch ins Programm zu hieven, sie mochten ihn auch. Die verrückte kopflastige Youngster-Comedy wurde zum Lieblingsfilm der Kritik, und obwohl klar war, daß er damit nicht automatisch auch zum Publikumsrenner werden mußte, entschloß sich MGM nun, ihn auch international zu starten.

Die fünfziger Jahre werden lebendig in der spritzigen Komödie *Diner* (Kevin Baron, Mickey Rourke, Daniel Stern, Steve Guttenberg; von links nach rechts).

Mickey Rourke trug in *Diner* ein weißes Hemd mit Fliege und eine Blume im Knopfloch. Und er überraschte zum erstenmal mit dem unergründlichen Lächeln des Charmeurs, das ihn bald berühmt machen sollte. Ein Lächeln, das mehr zu wissen scheint, als es verrät, das man auch als cooles Grinsen deuten kann, als Ausdruck von Arroganz oder was auch immer. Dieses Lächeln wurde von nun an Rourkes gefährlichste Waffe, und sein Geheimnis liegt wohl darin, daß es gar nicht enträtselt werden will. Es erschließt sich, wenn überhaupt, aus der jeweiligen Situation.

Diner ist in mehrfacher Hinsicht ein bemerkenswerter Film. Es ist eine sehr eigenwillig gemachte, stark auf Wortwitz aufgebaute Nostalgie-Revue, in der Regis-

41

seur Barry Levinson wohl auch seine eigene Jugendzeit verarbeitet hat. Es ist ein fast episodenhafter Film ohne spektakuläre Story, und die Stars, die in diesem Film auftauchen, waren damals noch keine – allen voran Mickey Rourke und Steve Guttenberg. Aber auch die anderen Jungstars haben nach diesem Film mehr oder weniger Karriere gemacht: Kevin Bacon, Daniel Stern und Timothy Daly. Der ROLLING STONE sprach von Rourkes »katzenhaftem Charme«, das NEW YORKER MAGAZIN sah in ihm den »Typ mit der sanften Stimme, den die Fältchen um die Augen und das traurige Lächeln zu einem gefährlichen Verführer« machen, und Star-Kritikerin Pauline Kael von THE NEW YORKER fand, daß Rourke am meisten Charisma von allen ausstrahlte und daß er mit etwas Glück ein großer Star werden könnte, denn er besäße »Ecken und magnetische Kanten und ein süßes reines Lächeln, das überrascht. Er scheint nur für dich zu spielen und für sonst niemanden.«

Diner war jener Film, der zum erstenmal Rourkes großes Talent aufblitzen ließ. Die Vermutung, daß aus ihm ein wirklicher Star werden könnte, drängte sich auf, zumindest zählte er von nun an zu den hoffnungsvollen Newcomern.

In den Wintermonaten 1981 und 1982 drehte er in der Karibik einen neuen Film. Der Titel des blutig-surrealen Abenteuerstreifens war *Eureka*, der Regisseur hieß Nicolas Roeg. Rourke behauptete später, daß er die Rolle nur aus Freundschaft zu Roeg angenommen habe und weil der Drehort angenehm gewesen sei.

Mickey Rourke spielt den katholischen Handlanger des jüdischen Gangsterkönigs Joe Pesci. Er hat dem als Goldschürfer reich gewordenen Gene Hackman ein Angebot des Mafioso zu überbringen, das Hackman nicht ablehnen darf. Rourke wirkt reichlich blaß als bebrillter Krawattentyp. Eigentlich fällt er in dieser Nebenrolle nur durch einen Satz auf, den er zu der aparten Tochter des Goldsuchers zu sagen hat, als sie ihm mit schlauen Sprüchen kommt: »Ich bin sicher, daß das nicht Ihr einziges Talent ist.« Der Kritik fiel die Mitwirkung von Rourke kaum auf; auch er selbst erwähnt sie nicht, wenn er von seinen wichtigen Filmen spricht.

Ein Star wird geboren

Diner bedeutete für Rourke später nicht mehr als eine harmlose kleine Komödie, während das nun folgende Coppola-Opus *Rumble Fish* zu einer entscheidenden Herausforderung für ihn wurde.

Der Schwarz-Weiß-Film wurde als stimmungsvolles Genregemälde mit sehr artifiziellen Strukturen als düstere Meditation über die Jugendkultur angekündigt. Francis Coppola erprobte wieder einmal seine innovativen Fähigkeiten, indem er ein stilistisch neuartiges Werk schuf. Durch die Besetzung des »Motorcycle Boy« mit Mickey Rourke bezog er den Jungstar in seine subversiv-experimentelle Anordnung mit ein.

Rourke hatte Coppola bei den Dreharbeiten zu der Jugendballade *The Outsiders* kennengelernt, einen Film, in dem es allerdings noch keine Rolle für ihn gab. Coppola schrieb den Part einmal so, daß er völlig auf Mickey Rourke zugeschnitten war, zum anderen hatte er dabei Fotografien des Dichters Albert Camus im Kopf. Der Motorcycle Boy pafft seine Zigaretten genau im Stil des französischen Existenzialisten. Und es ist dieser Film, mit dem sich Mickey Rourke das Image des Rebellen erwarb, schlüpfte er doch als Motorcycle Boy in jene Rolle, die Marlon Brando dreißig Jahre vor ihm berühmt gemacht hatte. Coppola hatte allerdings (nach einem Roman von Susie E. Hinton), dem veränderten Zeitgeist entsprechend, die Figur differenzierter und reflektierter angelegt. Der Motorcycle Boy hat einen Bruder, der ihn verehrt und ihm im Grunde vergebens nacheifert. Und der Rebell ist keine reale Gestalt mehr, sondern ein Mythos, der seine subversive Kraft aus der Vergangenheit bezieht. Die Leute sagen von ihm: »Er ist ein Prinz, aber eigentlich ein König im Exil. Es gibt nichts mehr, was er noch tun könnte.« Mit zerzaustem Haar spielt Rourke den aufmüpfigen, aber zögernden Rattenfänger als Softie, so daß sein Zug ins Wahnsinnige nicht sofort sichtbar wird. Das nachdenkliche Lächeln des Motorcycle Boys wirkt ruhig, fast heiter. Er stilisiert sich selbst zu einem freundlichen Überhelden, einem Fast-Heiligen. Die familiären Probleme seines Bruders sind ihm zu sehr von dieser Welt und für ihn kaum noch wahrnehmbar.

Der *Motorcycle Boy* von Mickey Rourke in *Rumble Fish*, ein orientierungsloser Rockerkönig in einer mythischen Zeit; zugleich eine Reminiszenz an Marlon Brandos *Der Wilde*.

45

Mickey Rourke stieß damit, als Hauptfigur eines Coppola-Films, in den Kreis der großen internationalen Stars vor. Er war nun kein Nobody mehr, kein netter Jungstar, dem die Branche wohlwollend gegenüberstand. Rourke war über Nacht zum Star aufgestiegen. Und damit den kritischen Augen der Öffentlichkeit und besonders der Filmkritik ausgesetzt.

Coppola hatte mit *Der Pate I* und *Apocalypse Now* aufsehenerregende Filme geschaffen, Arbeiten, die seinen Ruhm begründet hatten und als Meisterwerke anzusehen sind. Aber der große Regisseur wollte sich nicht auf seinen Lorbeeren ausruhen, sondern drehte weiterhin stilistisch gewagte, außergewöhnliche Filme, Werke, die sich nicht an Hollywoods eingeschliffene Konventionen von Raum, Zeit und einer verständlich erzählten Story hielten. Er experimentierte vor allem im visuellen Bereich und in den Erzählmustern und wurde der Kritik damit zusehends suspekt.

Coppola war immer bereit, künstlerisch und ökonomisch alles zu wagen, sogar den finanziellen Ruin seiner hochelektronischen Zoetrope-Studios in Kauf zu nehmen, und das war etwas, was ihn in den Augen einer ausschließlich am Profit orientierten Branche verdächtig erscheinen ließ. Man muß Coppola wohl in die Reihe der großen genialen Filmschöpfer wie Erich von Stroheim und Orson Welles einreihen, und von daher war es ein Glücksfall für Mickey Rourke, unter seiner Regie als großer Star vor das Publikum zu treten.

Der neue Rebell unter den Stars hatte mit diesem

Regisseur Francis Ford Coppola

kreativen Regisseur einen idealen Mentor gefunden, und Rourke stellte sich voll hinter Coppola, als die amerikanische Kritik versuchte, das Werk madig zu machen: »*Diner* war nett und beleidigte keinen, aber *Rumble Fish* war experimentell, innovativ. Ich wollte diese Arbeit machen, weil zu dieser Zeit Coppola, obwohl er in der Schußlinie stand, keinen ›sicheren, bequemen‹ Film zu drehen versuchte« (Rourke).

Rourke bekam dabei ebenfalls die frostige Kälte der Kritik zu spüren, als das CALIFORNIA MAGAZIN beispielsweise schrieb: »*Rumble Fish* unterstreicht Coppolas neueste Tendenz… sich mehr um die Kamerawinkel als um die Charaktere zu kümmern«. Und über Rourke schrieb das Magazin, er hätte nicht mehr »falsches Selbstbewußtsein in dieser Hamletrolle im Blauen Anton demonstrieren können«.

Immerhin nahm die deutsche Kritik den Film sehr positiv auf: »Man begreift schnell, was Coppola an diesem Film gereizt hat: ein typisch amerikanisches Thema in europäischen Klangfarben zu erzählen; das Gefühl der Lust auf den Augenblick als Gedankenspiel zu nehmen und es so zum existentiellen Problem zu verklären. Gesten, Dialoge, Bewegungen: Sie sollen die hintergründigen Bedeutungen vorzeigen.« (Norbert Grob, DIE ZEIT, 24. 08. 1984)

Rumble Fish ist nicht nur ein filmisches Essay über die amerikanische Jugend, der Film thematisiert auch die Vater-Sohn-Beziehung, und an diesem Punkt trafen sich Rourkes filmische und private Probleme. Während er im Film zu seinem alkoholsüchtigen Vater Dennis Hopper eine liebevoll-freundliche Beziehung herstellte, erhielt er während der Dreharbeiten in Oklahoma die Nachricht, daß sein eigener Vater todkrank war. Rourke: »So beschäftigte mich ständig die Sache mit meiner Identität – wer war mein Vater? Ich begann ihn gerade kennenzulernen. Wir fingen an, uns Briefe zu schreiben. Ich hatte ihm vorgeschlagen, mich zu besuchen. Aber ich hatte die Gelegenheit versäumt, mich mit ihm wirklich anzufreunden. Es war zu spät. Zu spät für mich und zu spät für Motorcycle Boy. Es gab mir das Gefühl, als gäbe es keinen Grund mehr für mich, noch länger hier zu sein; und genau das brauchte ich für den Film. Es war eine schmerzliche Zeit.« Früh im Jahr 1983 starb Mickey Rourkes Vater.

Zu dieser Zeit stellte sich auch heraus, daß sein jüngerer Bruder Joey Krebs hatte; Joeys Zustand war bereits bedenklich, die Krankheit brachte ihn an den Rand des Todes. In Mickey kamen Schuldgefühle hoch, weil er sich in den vergangenen Jahren zu wenig um Joey gekümmert hatte. Er versuchte das jetzt nachzuholen, besorgte gute Ärzte für seinen Bruder und kaufte ihm ein Haus.

Mit Rourkes nächstem Film *Der Pate von Greenwich Village* lag ein finanzieller Hit, ein Publikumserfolg, in der Luft. Der neue Hollywoodrebell spürte das, und er bereitete sich sehr gründlich auf die Rolle vor; wieder einmal, wie in allen Rourke-Filmen, geht es um eine Außenseitergeschichte, aber eine, die eindeutig dem konventionellen Gangsterfilm-Genre zugeordnet ist: der mächtige Gangsterboß jagt zwei kleine Ganoven, die versucht haben, sich auf eigene Faust ein Stück vom großen Kuchen abzuschneiden. Wie jeder Kenner des Gangsterfilms weiß, kann das der große Boß niemals durchgehen lassen.

Der Film spielt in Little Italy in New York, und die Hauptfiguren sind zwei Vettern, die als Kellner in

Mickey Rourke spielt den Ganoven Charlie Moran in *Der Pate von Greenwich Village*.

einem Restaurant arbeiten. Die eine Hauptrolle sollte ursprünglich Al Pacino spielen, doch als er hörte, daß Mickey Rourke als sein Partner vorgesehen war, stieg er aus. Er hielt Rourke zu jung für die Rolle.

Die Filmgesellschaft MGM-UA war nicht glücklich darüber; aber Rourke war es recht. Sein neuer Partner hieß Eric Roberts, ein Kollege, von dem er viel hielt, genauer gesagt war Rourke der Meinung, daß Roberts »der beste Schauspieler war, mit dem ich je zusammengearbeitet habe«. Das fand auch Regisseur Stuart Rosenberg, der von seinen beiden Stars sehr angetan war: »Sie sind total gegensätzlich. Rourke ist ein Kind der Straße – hart, ungehobelt, aber mit einer Erfindungsgabe, die es seit John Garfield nicht mehr gegeben hat. Er zaubert alles aus dem Ärmel hervor und bringt dabei seinen Text von Fall zu Fall immer wieder neu – wie es gerade kommt. Roberts ist ein ganz anderer Schauspielertyp. Er bereitet sich immer peinlich genau vor, hat seinen Text vom ersten Take an im Kopf.«

Über Rourke sagt Roberts: »Mickey kam gewöhnlich zu den Dreharbeiten völlig ungewaschen, so als wäre er gerade aus dem Bett gefallen. Er krächzte, ›welche Szene haben wir heute?‹, ich sagte es ihm, und er begann zu improvisieren; aber er ist großartig, der beste naturalistische Schauspieler, mit dem ich je zusammenarbeitete.«

Rourke erwiderte das Kompliment: »Eric gab alles, er war immer voll da. Wir arbeiteten uns aneinander ab und hatten eine Menge Spaß dabei – und das spürt man im Ergebnis.«

Leider schlug sich das Ergebnis an der Kasse nicht nieder, der Film wurde kein Erfolg. Die Ursachen dafür sind unterschiedlichster Natur und im einzelnen kaum

Mit Daryl Hannah und Eric Roberts in *Der Pate von Greenwich Village*

verständlich. So lautet eine Erklärung, daß das Spiel der beiden Helden zu soft, liebevoll, sensibel sei – ein Stil, der einem Gangsterfilm nicht entspricht. Rourkes Beziehung zu seinem Cousin ist von unendlicher Nachsicht geprägt, die zu seiner Freundin dagegen streng. Trotzdem läßt er sich von ihr mehrmals ins Gesicht schlagen – ohne sich zu wehren. Einmal verprügelt sie ihn sogar mit einem Boxhandschuh. Der Film hat stark komödiantisch-satirische Momente und Szenen mit doppeltem Boden, Feinheiten, die das Publikum dieses Genres nicht aufzunehmen versteht. Rourke war fest davon überzeugt gewesen, mit diesem Film einen

Erfolg zu landen; er hatte sogar eine Menge Geld in den Unterricht in italienischem Slang und typischen Verhaltensweisen seiner Figur Charlie Moran investiert, alles vergebens. Die Kritikerin Pauline Kael fand den Film schlecht und nur mäßig unterhaltend, und Leonard Maltin von TV-MOVIES schrieb: Nicht so sehr die Story sei interessant, sondern die Ansammlung von ausgefallenen Typen.

Wege zum Ruhm

Die Wege zum Ruhm sind steinig; zumindest waren sie das im Fall von Mickey Rourke. Obwohl Pauline Kael den Film nicht mochte, war sie von Rourke angetan, und besonders sein Lächeln brachte sie ins Schwärmen. So wurde spätestens im Jahr 1984 unumstößlich klar, daß Mickey Rourke der neue Star war, der das berühmte geheimnisvolle *Etwas* hatte, etwas, das über Talent, Fleiß, Schönheit hinausgeht; er war der unverwechselbare Typ, der genau die Zeit verkörperte. Die Frage lautete nur: Mit welchem Film würde er endlich das große Publikum erobern?
Ständig wurden ihm neue Drehbücher angeboten, Rourke hatte plötzlich die Qual der Wahl. In der Branche ging es wie ein Lauffeuer um: Hier war er, der neue Held, mit der großen Ausstrahlung, der einen Film allein tragen konnte.
Doch 1984 wurde für Mickey Rourke, nach der Urauf-

führung von *Der Pate von Greenwich Village* das Jahr der gescheiterten Projekte. Um nur einige zu nennen: Er sollte den berühmten Rock'n'Roll-Musiker Jerry Lee Lewis spielen und lernte für diese Rolle bereits »Whole Lotta Shakin« auf dem Piano spielen; doch der Plan scheiterte, weil der PolyGram Pictures das Drehbuch zu flach erschien. Rourke war als Hauptfigur in der Gangsterballade *Legs* vorgesehen, einem biographischen Film über das Leben des berüchtigten Gangsters Legs Diamond in den dreißiger Jahren (das bereits 1959 von Budd Boetticher mit Ray Danton als Titelheld verfilmt worden war). Grundlage des Films sollte ein Roman von William Kennedy sein. Doch das Treatment des Autors überzeugte plötzlich das Studio nicht mehr.

Pate-Produzent Gene Kirkwood unterstützte Rourke mit 75 000 Dollar bei seinem langgehegten Lieblingsprojekt *Homeboy*, einer Boxergeschichte aus Rourkes eigener Jugend über einen Mann namens Johnny Walker (!).

Rourke drehte an einigen Wochenenden mit einem Team in New Jersey, während er die Woche über bereits für *9 1/2 Wochen* vor der Kamera stand. Die Aufnahmen zu *Homeboy* waren aber unbrauchbar, er mußte die Arbeit einstellen. Da es sein Lieblingsprojekt nach einem eigenen Script war, gab er aber nicht auf und startete die Produktion später, im November 1987, neu, diesmal in Atlantic City, New Jersey.

Rourke war außerdem als Partner von Matt Dillon für eine Bankräuberstory vorgesehen und für eine neue

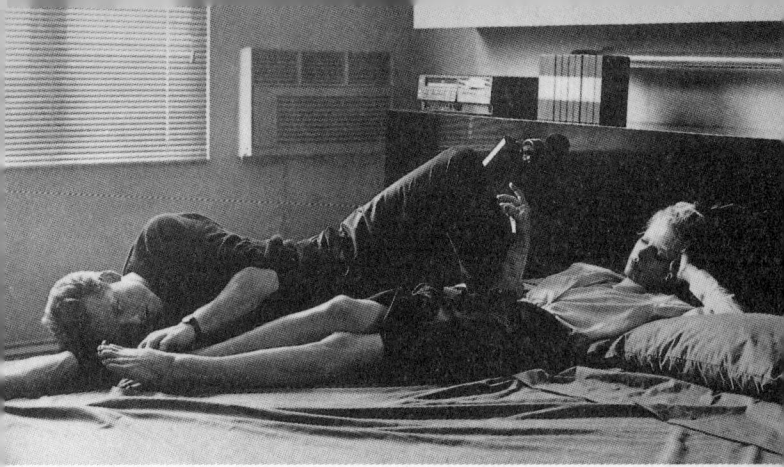

Mit der Figur des abartig-hintergründigen Lovers in *9 ½ Wochen* wurde Mickey Rourke bei uns als Star bekannt. Seine Partnerin in diesem Film war Kim Basinger.

Western-Version der Wyatt Earp/Doc Holliday-Legende. Rourke sollte die Rolle von Burt Lancaster übernehmen, Eric Roberts die von Kirk Douglas. Alle diese Vorhaben scheiterten – aus den unterschiedlichsten Gründen.

In all diesem Hickhack und Planungschaos entschloß sich der Star dann, einen Film mit dem Titel *9 1/2 Wochen* zu machen. Doch auch dieses Werk, das eine neue Version von Bertoluccis *Der letzte Tango in Paris* werden sollte, hatte eine merkwürdige, geradezu abstruse Produktionsgeschichte.

Rourke war bereit, den Film zu machen, nachdem er den Roman gelesen hatte, eine angeblich wahre Lovestory, in der sich eine Frau den Wünschen und Herrschaftsansprüchen des Mannes bis zur Selbstaufgabe

55

unterwirft. Rourke: »Als ich das Script zu *9 1/2 Wochen* zum erstenmal las, fühlte ich, daß etwas Wahres dran war an dieser Geschichte aus der Sicht einer Frau. Ich dachte, diese Art von Manipulation, von emotioneller Einengung, kommt dem ziemlich nahe, was viele Menschen in unserem Alltag erleben, es hat nur keiner die Story aus diesem Blickwinkel vorher erzählt.«

Der Film bot Rourke auch einmal die Gelegenheit, ein ganz neues Bild von sich zu geben, sich als Typ im weißen Hemd, Anzug und Krawatte zu präsentieren – als Börsenmakler der Wall Street.

Wie schon in *Der Pate von Greenwich Village* bestand Rourke darauf, seine persönliche Garderobe selbst zu stellen; er gab dafür 12 000 Dollar aus, doch eine Recherche in Wall Street war so schockierend, daß er von diesem Vorhaben wieder abkam.

In der Tri-Star-Produktion sollte ursprünglich Sydney Pollack Regie führen. Doch der entschloß sich, statt dessen die schnulzige Lovestory *Out of Africa* zu drehen; für ihn sprang Adrian Lyne ein, ein Mann, der sich bisher durch seine glatte Werbefilm-Ästhetik ausgezeichnet hatte. Dann stellte Tri-Star kurz vor Drehbeginn die Produktion ein, die daraufhin Producer Sales übernahm. Diese gaben die Rechte für den amerikanischen Markt sofort an MGM weiter. Daß bei diesem Durcheinander am Ende ein Film entstand, der mit dem Originaldrehbuch laut Mickey Rourke kaum noch etwas zu tun hat, ist nicht verwunderlich.

Rourke mußte für die Rolle abspecken; er hielt sich durch tägliches anstrengendes Jogging in Form. Daß ihn Regisseur Adrian Lyne auf penible Weise kontrollierte, insbesondere sein Gewicht, brachte Rourke auf die Palme.

Das Studio unterschätzte das Publikum und überschätzte die (freiwillige) Zensur der Branche. So entstanden zwei Versionen des Films, eine amerikanische, die vorwiegend auf den Videomarkt kam, und eine europäische, die im Kino ein Hit wurde. *9 1/2 Wochen* lief in den Filmtheatern der Bundesrepublik monatelang, mit dem Erfolg dieses Films wurde Mickey Rourke bei uns als der neue Star bekannt und populär. Er gewann damit das Image des Schönlings, Machos und zwielichtigen Frauenhelden. Kurioserweise aber nur außerhalb Amerikas.

Ein chinesisches Feuerwerk

Rourke prahlt damit, daß er seit jeher Probleme mit Autoritäten habe. Der Grund mag in der frühen Trennung seiner Eltern liegen, Mickey bekam dadurch einen Stiefvater, gegen den er rebellierte. Seither lehnte er sich gegen jeden auf, der so etwas wie Macht oder Autorität vor ihm aufbaute. Das begann in der Schule und setzte sich beim Actor's Studio und beim Film fort.

Trotzdem gehört Rourke zu jenen Stars, die zu Regisseuren ein gutes Verhältnis entwickeln können. Allerdings waren die Fälle, in denen sich der Star auf diese Weise unterordnete, nicht gerade zahlreich – genaugenommen gab es bisher drei Regisseure, die Rourke als Könner ihres Fachs schätzte, und in diesen Fällen war er auch bereit, sich mit dem jeweiligen Film ohne Einschränkung zu identifizieren. Die Namen dieser Regisseure sind Francis Coppola, Michael Cimino und Alan Parker. Alle drei sind als große Regisseure der Branche bekannt, aber auch als Künstler und schwierige Außenseiter gefürchtet.

»*Mickey war eine erfrischende Abwechslung von diesen selbstgefälligen Hollywood-Darstellern und diesen Fiberglas-Models, die das Fernsehen ausspuckt. Er hat eindeutig anarchistische Qualitäten, die mir gefallen.*«
ALAN PARKER

Cimino arbeitete gerade an *Heaven's Gate*, als Rourke ihm zum erstenmal begegnete. Er war fasziniert von der Leidenschaft und der Perfektion, mit der Cimino zu Werke ging. Im Oktober 1984, noch vor der Uraufführung von *9 1/2 Wochen*, arbeitete Rourke dann mit Cimino zusammen. Er übernahm die Hauptrolle in der 20-Millionen-Dollar-Produktion *Im Jahr des Drachen*, einer fulminanten Mafiastory aus Chinatown, New York. Rourke spielt Stanley White, einen vietnamgeschädigten Polizisten, der von dem Wahn beherrscht

Regisseur Michael Cimino

wird, die chinesischen Geheimorganisationen in New York im Alleingang zur Strecke zu bringen. Es war nicht einfach, Rourke dazu zu bewegen, einen fanatischen Law-and-Order-Mann zu spielen. Dazu Rourke: »Ich glaube nicht, daß ich *Im Jahr des Drachen* gemacht hätte, wenn ein anderer als Michael Cimino mir das Drehbuch gesandt hätte... Es war nicht so, daß ich herumsaß und gierig darauf wartete, endlich einen Bullen spielen zu dürfen. Es war der Stoff... Wenn der Stoff, das Thema, etwas hergibt, ist es die Sache wert.« Rourke war begeistert von der Zusammenarbeit mit

59

Captain Stanley White (Mickey Rourke), ein selbstgerechter eisen-harter Bulle, geht in seinem verbissenen Kampf gegen die chine-sische Geheimorganisation bis an den Rand der Selbstzerstörung (*Im Jahr des Drachen*).

Cimino. Trotzdem kostete es ihn ziemliche Überwin-dung, bis er soweit war, die Rolle des Polizei-Captain zu übernehmen. Bis zu diesem Zeitpunkt waren es meist mehr oder weniger sympathische Helden, die der Star verkörpert hatte. Stanley White ist keine liebens-werte Figur, Rourke kam auch kaum dazu, diesem zähnefletschenden Bullen sein berühmtes Lächeln auf-zusetzen. Auch seine sanfte Stimme aus *Rumble Fish* mußte er vergessen, um glaubwürdig zu sein, erklärte ihm Cimino.

Rourke fragte sich: Wie charakterisiert man einen Menschen, der als langgedienter, höchstdekorierter Captain der New Yorker Polizei von der Gerechtigkeit, von seiner Macht und Autorität bis ins Mark durchdrungen ist? Er erfand dafür einen merkwürdig steifen aufrechten Gang; geradezu bedrohlich manifestierte sich darin seine Kraft, Selbstgerechtigkeit und Todesverachtung. Und auch seine Einsamkeit.

Rourke ließ sich das Haar grau färben und gab seinem Lächeln, das in diesem Film selten genug aufleuchtet und mehr ein Grinsen ist, einen Stich ins Eisenhaltige.

Der Star bereitete sich auf die Rolle so intensiv vor wie selten zuvor. Er studierte das Leben und den Alltag eines Beamten namens Stanley White von der Mordkommission Los Angeles. »Ich fuhr bei zweiunddreißig Einsätzen von White mit. Im Film trage ich den Hut genau in derselben Art wie er. Ich gehe und schieße wie er.« Als Hommage an dieses Vorbild heißt die Figur im Film auch Stanley White, während sie im Roman von Robert Daley den Namen Arthur Powers trägt.

Der Unterschied der Filmfigur zu ihrem realen Vorbild liegt darin, daß der Filmheld seine Fälle persönlich nimmt und sie schließlich sein ganzes Leben auffressen. *Im Jahr des Drachen* ist mehr als ein kunstvoll inszenierter Gangsterfilm. Er beschreibt das urbane Leben der asiatischen Minderheit in den USA, die ihre eigene Sprache und Tradition im Süden Manhattans auf vitale Weise erhalten hat. Er beschreibt die Rituale dieser Geheimbünde — Triaden genannt —, die neben dem

Geschäft mit Restaurants, Wäschereien, Glücksspiel und Prostitution nun auch über die »Hongkong-Connection« im großen Stil in den Heroinhandel eingestiegen sind und damit zu einer ernstzunehmenden Konkurrenz für die italienische Mafia werden.

Der Film ist nicht nur der Phantasie eines Romanautors entsprungen, er enthüllt ziemlich präzise und in schonungsloser Offenheit ein Stück amerikanischer Realität von heute. Der brutale Überfall mit Maschinenpistolen auf ein chinesisches Restaurant, mit dem der Film schockiert, ereignete sich am 4. September 1977 tatsächlich, betroffen war das Lokal »Goldener Drache« in Chinatown, San Francisco. Die Bilanz: fünf Tote und elf Verwundete, ein Fall, der die amerikanische Öffentlichkeit damals heftig erregte.

Nach Beendigung der Dreharbeiten war Mickey Rourke euphorisch und sicher, mit diesem Streifen einen großen Erfolg gelandet zu haben. Er ließ sich vor Begeisterung einen Leopardenkopf mit dem chinesischen Ideogramm ›Jahr des Drachen‹ auf die linke Schulter tätowieren. Er freute sich wie ein Kind und verschenkte Poster und T-Shirts mit dem Drachen-Aufdruck.

Cimino war vorsichtiger – und behielt recht damit. Der Film wurde zwiespältig aufgenommen, wobei die kritisch-bösen Rezensionen überwogen. Natürlich kamen laute Proteste von den Chinesen, die sich attackiert fühlten. Aber auch zahlreiche Filmkritiker unterstellten dem Mafia-Drama, das sich ernsthaft mit dem Problem

Der Tätowierte

des Rassismus auseinandersetzt, eine faschistoide Tendenz.

Rourke stellte sich in allen Pressekonferenzen voll hinter Cimino und den Film. Und tat recht daran. *Im Jahr des Drachen* ist einer der atemberaubendsten Filme, in denen Rourke je eine Hauptrolle spielte.

Faust, der Teufel und ein Terrorist

An einem Tag im Frühjahr 1986. Manhattan, Lower East Side. Ein Teil der Allenstreet ist abgesperrt – trotz strahlenden Sonnenscheins schneit es aus zwei Schneekanonen. Eine U-Bahn-Station ist täuschend echt aus Pappmaché nachgebaut. Regisseur Alan Parker dreht gerade eine Szene zu dem Film *Angel Heart*, einer finsteren Teufelsgeschichte. Die Hauptfigur, den Privatdetektiv Harry Angel, spielt Mickey Rourke. In diesem Voodoo-Thriller geht es reichlich blutig zu. Angel erhält einen äußerst mysteriösen Auftrag, der ihn von New York in den heißen Süden führt, immer tiefer in den Schlamassel; was er nicht weiß – sein Auftraggeber ist nicht irgendwer, sondern Mephisto, der Teufel persönlich; und der hat noch eine Rechnung mit ihm offen. Rourke spielt hier zum ersten Mal mit einem anderen Superstar zusammen, mit Robert DeNiro. »Ich mußte höllisch aufpassen, daß ich nicht in jeder Szene von ihm an die Wand gespielt wurde«, bekennt Rourke. Diese moderne Faust-Teufel-Legende ist zwar filmisch eine Augenweide, aber in der Ausgestaltung doch stellenweise sehr grell, besonders im letzten Teil des Films. Als Beleg sei dafür die spektakulärste Szene des Films angeführt, die in Amerika doch einigermaßen schockierend wirkte. Während Mickey Rourke und Lisa Bonet sich im Bett lieben, sind Bilder von fließendem Blut dazwischengeschnitten, Blut, das sickert, von der Decke tropft, spritzt, schließlich in Kaskaden hervor-

9½ *Wochen* mit Kim Basinger

Oben: *Homeboy*. Unten: Mit Lisa Bonet in *Angel Heart*. Gegenüberliegende Seite: *Barfly*

Oben und gegenüberliegende Seite: *Auf den Schwingen des Todes.* Unten: *Im Jahr des Drachen*

schießt. Eine Schlüsselszene, das blutige Geheimnis des Films offenbarend, eines Thrillers, der von der amerikanischen Presse schließlich mit milder Verachtung aufgenommen wurde.

Die visuelle Brillanz der Bilder kann über die groben Effekte des Werkes, das auf der modischen Welle der Hexen- und Teufelsfilme mitschwimmt, nicht hinwegtäuschen. Alan Parker hat bessere Filme gemacht, doch Rourke lobte die Zusammenarbeit mit ihm. Er wisse genau, was er wolle, und lasse dem Schauspieler trotzdem großen Spielraum, die eigenen Möglichkeiten zu entfalten. Parker äußerte sich dazu, weshalb er gerade Mickey Rourke als Hauptdarsteller gewählt habe: »Da

In *Angel Heart* hatte Mickey Rourke zum ersten Mal einen anderen Superstar als Partner: Robert DeNiro.

ist eine Seite an ihm, die ist – ungesund? Ich finde sie attraktiv, auch wenn mir nicht das richtige Wort dafür einfällt. Er ist liebenswert, ohne das Hollywood-Klischee im üblichen Wortsinn zu erfüllen.«

»Mickey sieht aus wie immer, nämlich wie ein arbeitsloser Tankwart.«

Alan Parker, Regisseur von »Angel Heart«

Rourke spielt das Gegenteil des smarten Privatdedektivs, er ist immer unrasiert, sein Äußeres schlampig, dreckig, und er wirkt permanent verwirrt, wie ein Mann, der nicht weiß, was er tut. In dieser Situation trotzdem noch Sympathien beim Publikum zu erwekken, erforderte subtile Mittel. Rourke gab allerdings zu, daß er mit »dem Teufelszeug« in diesem Film wenig anfangen konnte. Auf die Frage, weshalb er sich auf so riskante Themen einlasse, antwortete er: »Man kann es nicht jedem recht machen. Ich mache Filme für eine Mehrheit, aber ich will keine Filme machen, die jedem gefallen. Ein Studio will Filme produzieren, die jedem gefallen. Ich bin kein Studio, ich bin Schauspieler.«
So wie Mickey Rourke von Anfang an mehr auf sein schauspielerisches Können baute und weniger auf sein gutgeschnittenes Gesicht, paßte er sich auch den Spielregeln und Machtstrukturen Hollywoods nie so widerspruchslos an wie andere Jungstars, die dem Erfolg

Regisseur Alan Parker

zuliebe jeden Kompromiß eingingen und die jedes Risiko vermieden, sowohl in der Wahl der Stoffe als auch der Rollen.

Rourke geriet aber dadurch immer mehr in Konflikte mit Hollywood, was umgekehrt bei ihm auch zu Enttäuschung und Erbitterung führte. So war es fast vorhersehbar, daß er sich bald nach anderen Möglichkeiten umsehen würde; mit Alan Parker hatte er sich erstmals einem englischen Regisseur anvertraut. Sein nächster Film *Auf den Schwingen des Todes* entstand in Europa, als englische Produktion: die Geschichte

67

eines vom Töten müden IRA-Kämpfers, der aus seinem
»Geschäft« auszusteigen versucht.

Allerdings wurde Rourke mit diesem Film auch nicht
glücklich; als irischstämmiger Amerikaner – man erin-
nere sich, seine Großeltern waren aus Cork eingewandert – lag ihm viel daran, die wahren Verhältnisse über
die Situation der katholischen Minderheit und die
sozialen Konflikte in der Heimat seiner Vorfahren zu
dokumentieren. Rourke trieb wieder einmal umfang-
reiche Vorstudien, er verbrachte eine längere Zeit unter
IRA-Leuten, er sah Achtzehnjährige sterben. Er wollte
nicht nur herausfinden, worum es in diesem Kampf
geht, sondern auch die Hintergründe und tieferen
Ursachen dieses »Glaubenskrieges« ermitteln und filmisch umgesetzt sehen: »Der Konflikt zwischen den
Engländern und den Iren ist für mich eines der wenigen
Themen, über die es sich lohnt, eine politische Aussage
zu machen. Ansonsten interessiert mich Politik nicht.
Die Indianer überlasse ich Marlon Brando.«

Daß Goldwyn & Co dann doch noch einen handelsüb-
lichen Politthriller machte und das heiße Thema in
Rourkes Augen damit verschenkte, deprimierte ihn
zutiefst. Denn jeder der Beteiligten wollte eigentlich

Mickey Rourke als ehemaliger IRA-Kämpfer versucht vergeblich, seiner Vergangenheit zu entkommen *(Auf den Schwingen des Todes)*.

einen anderen Film machen. Rourke dachte, es würde ein Politmärchen über einen Mann der Gewalt, der versucht, sich reuevoll aus seinem früheren Leben freizukaufen; Sam Goldwyn jr. dachte, er mache einen Actionfilm über Rache, und Produzent Peter Snell dachte, es würde ein Film dabei herauskommen, den Rourke mögen und Goldwyn verkaufen könnte.

69

Mickey Rourke auf dem Festival in Cannes 1989

Später geriet Rourke in den Verdacht, einen Teil seiner Gage der IRA zur Verfügung gestellt zu haben. Der Star wies diesen Vorwurf auf dem Filmfestival von Cannes im Mai 1989 zurück, räumte aber ein, daß er mit katholischen Organisationen in New York darüber gesprochen habe, wie Mittellosen und Kindern in Nordirland geholfen werden könne.

Als Rourke am Ende der Dreharbeiten aus England zurückkehrte, schlitterte er in eine Krise. Laut eigenen Aussagen war er physisch und psychisch so ausgepowert, daß er am liebsten alles hingeschmissen hätte. Er flüchtete wie so oft vorher und auch später in seinen »Fisch«.

Das geheime Leben eines Stars

Der »Fisch« ist ein silberner Caravan-Wohnwagen, den Rourke als geheime Höhle benutzt, um sich zurückziehen zu können. Er hat dieses Mobil während der Dreharbeiten zu *Rumble Fish* bei Francis Coppola abgeguckt, der ebenfalls ein solches Gefährt benutzte, weshalb Rourke seinen Wagen »Fisch« nannte.

Mickey Rourke verschwand also im Bauch des Fisches, um sich von dem Frust mit dem Film *Auf den Schwingen des Todes* zu erholen. In diesem Wagen pflegte Rourke sein Privatleben mit ihm nahestehenden Freunden und Beratern.

Der Star ist einer jener Typen, die sich in Männergesell-

schaft wohlfühlen und diese Umgebung zeitweise
bewußt suchen. Die sich gern mal mit Bier vollaufen
lassen oder mit einer Horde von Bikern über die Landschaft donnern. Lederjacke, Jeans und Harley Davidson
gehören zu seinem Outfit, repräsentieren Rourke und
sein Lebensgefühl ebenso wie den Zusammenhalt mit
seiner Clique. Rourke, das Kind der Straße, umgibt sich
gern mit Rockern und Lederjacken-Typen. Chuck Zito,
einer der führenden Hell's Angels von New York, ist
einer von ihnen. Ein anderer wichtiger Kumpel ist
Lenny Termo, ein Koloß von einem Kerl, für Rourke
Beichtvater, Psychiater und Mädchen-für-alles in einer
Person.
Wenn Rourke Ruhe braucht, Einsamkeit, wenn er mal
abschalten muß vom Streß des Filmens, umgibt er sich
mit seinen Kumpels oder zieht sich in seinen »Fisch«
zurück. Sein Privatleben hütet Rourke streng. Eines
Tages heiratete er die Schauspielerin Debra Feuer,
bekannt geworden durch den Film *Leben und Sterben
in L.A.* (1985). Das war kurz nach seinem Eintreffen in
Los Angeles, zu jener Zeit, als er sich auf seine erste
Hauptrolle in *Diner* vorbereitete. Er kaufte ihr zwar ein
Haus, lebte aber selten mit ihr zusammen, auch nicht in
der Phase zwischen zwei Filmen, wenn es seine und
ihre Zeit erlaubt hätten. Rourke zeigte sich gelegentlich

Debra Feuer, mit der Mickey Rourke einige Jahre verheiratet war, in
Leben und Sterben in L. A. (links Willem Dafoe).

Mickey Rourke erhält einen deutschen Preis: den »Jupiter« der Zeitschrift CINEMA.

> »Boxen ist simpel. Man stellt zwei Burschen in den Ring, und einer gewinnt. Das ist es, was Schauspielen so unerträglich macht – du kannst niemals gewinnen.«
>
> MICKEY ROURKE

mit anderen Damen in der Öffentlichkeit, so mit der Schauspielerin Laura Hutton. Rourke behauptet, er und Debra Feuer würden immer gute Freunde bleiben, auch wenn er sich inzwischen von ihr hat scheiden lassen.

Rourke drehte mit Debra Feuer zusammen den Film *Homeboy*, sein persönlichstes Werk: die Geschichte eines heruntergekommenen Boxers und eines Mädchens vom Rummelplatz: Debra ist diese Frau. Leider wurde der Film ein totaler Flop, in den USA kam er erst gar nicht in die Kinos, bei uns lief er im Sommer 1989 nur ganz kurze Zeit.

Gangster, Säufer und Heilige

Rourke wurde nach seinem Terroristenabenteuer *Auf den Schwingen des Todes* 1987 ein anderes Projekt angeboten, das ihm zu diesem Zeitpunkt gerade recht kam: *Barfly*, eine alkoholgetränkte Studie über das Säufer- und Dichtergenie Charles Bukowski. Dies war endlich wieder ein Charakter, den er gestalten, formen,

Charles Bukowski

in dem er sich schauspielerisch voll austoben konnte. Und es gab mit Barbet Schroeder einen Regisseur, der ihn ohne Einschränkung akzeptierte.

Barbet Schroeder ist vor allem Produzent, er machte Filme mit Wim Wenders, Eric Rohmer und Jacques Rivette und debütierte als Regisseur 1969 mit dem Film *More*, mit der Musik von Pink Floyd. Schroeder versuchte sich immer wieder mal als Regisseur, und als Bukowski-Fan blieb er hartnäckig am Ball, um den Dirty Old Man zum Verfassen eines Filmscripts zu bewegen. Das gelang schließlich 1980, doch dann dauerte es noch einmal sieben Jahre, bis der Film realisiert werden konnte.

Mickey Rourke und Faye Dunaway mit Regisseur Barbet Schroeder während der Dreharbeiten zu *Barfly*.

Daß *Barfly* schließlich in Produktion ging, lag an Mikkey Rourke, der sich über Nacht für die Rolle entschied. Danach konnte Schroeder Menahem Golan von dem Großstudio Cannon in fünf Minuten für den Film gewinnen – und die Finanzierung war gesichert. Cannon war natürlich nicht in erster Linie an einem Bukowski-Film oder an Barbet Schroeder, sondern am Superstar Mickey Rourke interessiert.

Bukowskis Geschichte ist ein »Bericht von verschiedenen Nächten meines Lebens, als ich fünfundzwanzig war.« Dreiundneunzig Prozent davon seien wahr. Es war die Zeit, als Bukowski einer zehn Jahre älteren Halbindianerin begegnete und ihm der Schnaps ständig bis zum Hals stand. »Ich kannte den Barkeeper der Morgenschicht. Er ließ mich um fünf Uhr morgens rein. Zwei Stunden Trinkvorsprung, ehe die Bar um sieben aufmachte, das genügte. Ich blieb bis zur Sperrstunde um ein Uhr nachts.«

Schroeder verlegte die Geschichte aus den Vierzigern in die ausgehenden sechziger Jahre und drehte mit Chamäleon Mickey Rourke sicherlich einen der originellsten Bukowski-Filme, die es je gab.

Für Rourke war es wieder einmal eine Chance, einen Bürgerschreck zu spielen, und man spürt förmlich den Spaß, den ihm das bereitet hat.

Mickey Rourke produziert inzwischen weiter unermüdlich einen Film nach dem anderen. Seine Hinwendung nach Europa wird dabei immer deutlicher, vom europäischen Kino, das mehr an Inhalten und experimentellen Formen orientiert sei als der Hollywood-Story-Film, hält er viel.

Inzwischen ist er unter die Heiligen gegangen; er hat 1988 in Italien mit Liliana Cavani einen Film über Franz von Assisi gemacht, den stigmatisierten Wanderprediger und Dichter aus dem Italien des 13. Jahrhunderts. Liliana Cavani gehört neben Lina Wertmüller zu den wichtigsten Regisseurinnen Italiens, sie wurde bekannt durch das SS-Schergen-Drama *Der Nachtportier* (1973).

Im Februar 1990 kommt der soeben abgedrehte Gangsterfilm *Johnny Handsome* in die deutschen Kinos. Wieder einmal ist Mickey Rourke der Außenseiter, aber einer mit dem Mut zur Häßlichkeit. Actionspezialist Walter Hill hat die Spannungsstory inszeniert.

Weiter in Produktion ist *Wild Orchid*, eine Variation zu *9 1/2 Wochen*.

Produzent Dino DeLaurentis gab grünes Licht für einen weiteren Film mit Mickey Rourke in der Hauptrolle, für *The Desperate Hours*. Regie wird Michael Cimino führen. Die Geschichte wurde bereits einmal mit Humphrey Bogart verfilmt unter dem Titel *An einem Tag wie jeder andere*.

In seiner typischen Haltung, mit langem Mantel und Schal bekleidet und im diffusen Licht einer Großstadtstraße, ergibt sich zwischen Mickey Rourke und Jimmy Dean eine erstaunliche Ähnlichkeit. Den innerlich Zerrissenen gestaltete Jimmy echter, von ihm unterscheidet sich Rourke durch seine kalte Wut in Bauch.

»Ich habe immer nur auf Hinterhöfen gelebt. In Miami, in New York, in Los Angeles. Hinterhöfe sehen überall gleich aus. Sie geben dir ein Gefühl von Heimat.«   MICKEY ROURKE

Die Parallelen zwischen Rourke und Marlon Brando sind offensichtlicher. Auch Brando ging mit gewaltigem Anspruch an seine Filme heran, kam aber nach den Erfolgen seiner Jugend wie *Endstation Sehnsucht* und *Die Faust im Nacken*, als er den hemdsärmeligen Proleten gab, immer mehr vom Erfolgskurs ab. Dieses

名作は、まず香りたつ。
新リザーブ誕生。

Mickey Rourke verkauft sich in der Werbung als Reklame für japanischen Reiswein.

Schicksal droht Mickey Rourke jetzt auch. Um ihm zu entgehen, verfällt er in den Rausch der Geschwindigkeit, dreht er seine Filme immer hastiger hintereinander ab. Die Gefahr, daß sich sein Starstatus dabei abnutzt, ist ebenso groß wie die Chance, doch wieder eines Tages den großen Wurf zu landen.

Das Image des bösen Buben, der angeblich zu schnell Motorrad fährt und zu viel Bier trinkt, pflegt Mickey Rourke weiter. Aber er bleibt ganz cool dabei. Zuletzt hat er eine eigene Kneipe aufgemacht, in einem Hinterhof in Beverly Hills.

Rourke: »Alle die ich mag, kommen hierher.«

Die Filme

Filme, in denen Mickey Rourke nur kleine
Nebenrollen spielte

1941 – wo, bitte, geht's nach Hollywood

USA 1979 – 111 Min. – R: Steven Spielberg. B: Robert
Zemeckis, Bob Gale. K: William A. Fraker. M: John
Williams. D: Dan Aykroyd, Ned Beatty, John Belushi,
Lorraine Gary, Christopher Lee, Toshiro Mifune,
Mickey Rourke.

In dieser überdrehten, auf Klamaukeffekte angelegten
Komödie von Steven Spielberg spielte Mickey Rourke
seine erste winzige Rolle in einem Kinofilm. In der Story
geht es um ein japanisches U-Boot, das sechs Tage
nach dem Angriff auf Pearl Habour an der kalifor-
nischen Küste auftaucht und eine Panik auslöst.

Die schönen Morde des Eric Binford
Fade to Black

USA 1980 – 100 Min. – R, B: Vernon Zimmerman. K:
Alex Phillips jr. D: Dennis Christopher, Linda Kerridge,
Tim Thomerson, Morgan Paul, Eve Brent Ashe, Mickey
Rourke.

In dieser Hommage an das alte Hollywood identifiziert
sich Eric Binford mit seinem Filmidol, geht er völlig in
der Scheinwelt des Kinos auf. Im privaten Leben als
Botenjunge eines Filmlagers einsam und von allen schikaniert, flüchtet sich der Held (gespielt von Dennis
Christopher) in die überlebensgroße traumhafte Existenz seiner Filmidole Hopalong Cassidy und Cody
Jarrett. Um seinen Frust an der tristen Alltagsrealität
abzureagieren, mordet er als Filmfigur verkleidet seine
Peiniger. Mickey Rourke, ebenfalls in der Firma
beschäftigt, tritt in zwei kurzen Szenen auf, ehe er von
Eric Binford um die Ecke gebracht wird. Immerhin wird
Rourke schon an 11. Stelle der Besetzungsliste aufgeführt.

Eine heißkalte Frau
(Heißblütig-kaltblütig)
Body Heat

USA – 113 Min. – R, B: Lawrence Kasdan. K: Richard H. Kline. M: John Barry. D: William Hurt, Kathleen Hunter, Richard Crenna, Ted Danson, J. A. Preston, Mickey Rourke.

Die Hauptrollen in diesem erotischen Psychothriller spielen William Hurt und Kathleen Hunter; er gerät als harmloser und netter Anwalt in die Fänge einer raffinierten verheirateten Frau, die ihn als Instrument für ihre Mordpläne benutzt. Mickey Rourke in einer winzigen Nebenrolle als Brandstifter läßt erstmals seine heisere Flüsterstimme hören mit dem Satz: »Überlegen Sie, was Sie tun, Mann – Brandstiftung ist ein schweres Verbrechen.«

Die großen Filme
Diner
Diner

USA 1982 – 110 Min. – R, B: Barry Levinson. K: Peter
Sova. M: Harry v. Lojewski, Ivan Kral, Bruce Brody. D:
Steve Guttenberg (Eddie), Daniel Stern (Shrevie),
Mickey Rourke (Boogie), Kevin Bacon (Fenwick), Ellen
Barkin (Beth), Timothy Daly (Billy), Kathryn Dowling
(Barbara).

Ort der Handlung: Baltimore. Zeit: Ende 1959. Das
»Diner«, ein ganz gewöhnliches Imbißrestaurant, dient
einer Gruppe junger Männer an der Schwelle zur
Erwachsenenwelt als täglicher Treffpunkt. Sie sind oder
werden gerade zwanzig, die Jugend ist fast vorbei, die
Collegezeit neigt sich dem Ende zu, alles ist offen, in
Bewegung. Im Diner treffen sie sich zu jeder Tages-
und Nachtzeit zu hitzigen Debatten. Der verspielte
dialogfreudige Erstlingsfilm von Barry Levinson wirft
einen letzten Blick auf die fünfziger Jahre, unbe-
schwert, augenzwinkernd und nicht ohne Sentiment.
Die fünf Freunde kennen sich seit langem, sie reden
pausenlos über Filme, Musik, Mädchen und ihre
Ansichten über Gott und die Welt; das wichtigste
Ereignis ist nicht Weihnachten, sondern das Football-
Match zwischen den »Baltimore Colts« und den »New
York Giants« am 27. Dezember, und von gleicher
Bedeutung ist die Frage, wer besser singt, Johnny
Mathis oder Frank Sinatra. Aus den Konturen einer

Mickey Rourke als Spieler und Verführer *(Diner)*

spärlichen Handlung heraus entwickeln sich allmählich die farbigen Porträts der einzelnen Youngsters, ihre Ticks, Träume und privaten Probleme.

Billy geht aufs College und denkt schon ans Heiraten, doch seine schwangere Freundin Barbara träumt noch von einer Fernsehkarriere; Timothy sucht die Konflikte im Elternhaus in Alkohol zu ertränken, und Eddie unterzieht seine Verlobte zuerst einem Football-Test, ehe er sich zur Ehe entschließt. Sie fällt zwar durch, aber er heiratet sie am Ende trotzdem. Shrevie hat als einziger des Gespanns die Freuden der Vermählung bereits hinter sich, doch seine Ehe schlingert gerade durch eine stürmische Krise, weil sich seine Frau zu wenig für die B-Seiten seiner Plattensammlung interessiert, während sie wiederum Trost und Rat bei Shrevies Freund Boogie (Mickey Rourke) sucht, einem Sunny-boy und Herzensbrecher der schlimmsten Sorte.

Boogie onduliert den Damen das Haar und verdreht ihnen dabei den Kopf. Tagsüber arbeitet er als Friseur, abends ist er Student der Jura und rund um die Uhr Schürzenjäger, Spieler, Verführer und Hasardeur. Wenn er in der Klemme sitzt, vertraut er nicht zu unrecht immer wieder auf sein Glück und das unverschämte Grinsen, mit dem er bisher aus jeder Situation einen Ausweg gefunden hat. Boogie ist die schillerndste Figur von allen Freunden. In dem sicheren Gefühl, daß ihm kaum je ein Mädchen widerstehen kann, treibt er dabei seine frivolen Spielchen, kommt immer wieder der häßliche kleine Teufel in ihm zum Vorschein.

Als Va-banque-Spieler geht er dabei immer aufs Ganze. So kommt er auch plötzlich zu 2 000 Doller Spielschulden, die er innerhalb weniger Tage begleichen muß, denn sein Gläubiger ist ein Profi, der keinen Spaß versteht. Darüber hinaus läßt er sich auf eine Wette in seinem Spezialfach als Weiberheld ein; es geht darum, daß er das Mädchen Carol gleich beim ersten Rendezvous aufs Kreuz legen will. Damit setzt er seine Freunde in helle Aufregung, ist immer für Spannung gesorgt.

Die Väter kannten nur eins: Arbeiten, Geld machen. Die Kinder der fünfziger Jahre waren die erste Generation, die sich die Freiheit nahm, zu sagen: Ich weiß nicht, was ich machen soll. Ihre Welt ist klein und überschaubar, und es ist klar, daß die Zeit der Debatten und Wetten und des harmlosen Ausflippens bald für immer vorbei sein wird.

Diner besteht aus einer Serie von in sich verschachtelten anekdotischen Szenen, die den altmodisch-coolen Charme der fünfziger Jahre auf liebenswerte Weise noch einmal heraufbeschwören. Mickey Rourke kann dabei in einer der Hauptrollen zum erstenmal seine überragenden Talente als Schwindler, Charmeur und böser Wolf in einem entfalten.

Stimmen:
»Levinsons Film ist keine Abrechnung mit seiner Jugendzeit, eher eine schöne Erinnerung mit einem leicht ironischen Augenzwinkern.«   (ZOOM)

Eureka
Eureka

USA 1983 – 124 Min. – R: Nicolas Roeg. B: Paul Mayersberg, nach dem Roman »Who killed Sir Harry Oakes?« von Marshall Houts. K: Alex Thomson. M: Stanley Myers. Sch: Tony Lawson. D: Gene Hackman (Jack McCann), Theresa Russel (Tracy), Rutger Hauer (Claude), Mickey Rourke (D'Amato), Joe Pesci, Jane Lapotaire, Ed Lauter.

Ein Abenteuer aus der Eiswüste und ein Traum, der sich erfüllt – auf einer einsamen Insel im Meer. Doch der Preis dafür ist zu hoch. Die Hauptrolle in diesem archaischen Goldsucherepos, den besessenen Abenteurer Jack McCann, spielt Gene Hackman. Mickey Rourke ist in einer Nebenrolle zu sehen als zwielichtige Figur aus der Unterwelt.
Mehr als fünfzehn Jahre trieb sich Jack irgendwo im eisigen Norden Kanadas herum auf der Suche nach dem glänzenden Metall, aus dem die Träume gemacht sind: Gold. Und dann, als er kurz davor steht aufzugeben, an einem zugefrorenen See, stößt er auf eine schier unerschöpfliche Goldader.
Jack ist nun einer der reichsten Männer der Welt; zwanzig Jahre später finden wir ihn wieder, inzwischen schlohweiß geworden, auf seiner eigenen Insel in der Karibik. Dorthin hat er sich zurückgezogen, und er ist schwermütig geworden; vielleicht weil er das gefunden

hat, was er am meisten suchte. Er ist unermeßlich reich, aber innerlich arm, ein »tollwütiger Fuchs, verkleidet als Orientale mit Papageiendreck auf den Schultern«. So verhöhnt ihn seine Frau, eine Alkoholikerin; auch die übrigen Figuren seiner Umgebung muntern ihn nicht auf: Seine Tochter mit nymphomanischen Anfällen treibt es mit einem Mitgiftjäger, sein Finanzberater ist eine undurchsichtige Type. Und dann tritt da noch Mickey Rourke auf, »der lange Arm der Mafia«; im Dinner-Jackett, mit steifem Kragen, zurückgekämmtem Haar und biederer Hornbrille sieht er aus wie ein verschämter Chorknabe, der ohne zu wissen, was er tut, seine schmutzigen Geschäfte betreibt.

McCann kann keinen inneren Frieden finden, auf den Moment des großen Triumphs folgt wachsende Verzweiflung, denn er fürchtet eine geheime Schuld; womöglich hat er das Gold gar nicht gefunden, sondern der Erde geraubt.

Am Ende kippt das Abenteuer in einen Thriller. McCann wird bestialisch ermordet, und eine Gerichtsverhandlung soll das Geheimnis seines Todes erklären. *Eureka* ist ein grandioses Melodram über die Allgewalt der Natur und die menschliche Hybris, eine Parabel auf Reichtum und Glück, ein mystisch magisches Blendwerk mit Voodoozauber, Tarot, Aberglauben, Liebe Haß und Tod. Regisseur Nicholas Roeg wollte einen Charakter schaffen, »der nach der absoluten Erfüllung sucht. Nichts bleibt, als die Zeit danach totzuleben«.

Stimmen:

»Die Manie des Überdeutlichen ist es, an der dieser in Ansätzen beeindruckende Film letztlich scheitert.«

Hans-Dieter Seidel, FAZ 29. 04. 1987

»Neben einem hervorragenden Hackman... ist der phänomenale Mickey Rourke zu sehen.«

TIP 10/87

Die Uhr des »Motorcycle Boy« ist abgelaufen, dafür sorgt die Polizei (Matt Dillon [Mitte] und Mickey Rourke [rechts] in *Rumble Fish*).

Rumble Fish
Rumble Fish

USA 1984 – 94 Min. sw. – R: Francis F. Coppola. B:
Susie E. Hinton, Francis F. Coppola (nach einem Roman
von Susie E. Hinton). K: Stephen H. Burum. M: Stewart
Copeland. Sch: Barry Malkin. D: Matt Dillon (Rusty-
James), Mickey Rourke (Motorcycle Boy), Diane Lane
(Patty), Dennis Hopper (Vater), Diana Scarwid (Cas-
sandra), Vincent Spano, Nicolas Cage (Christopher
Coppola), Larry Fishburne, William Smith.

Mickey Rourke als Motorcycle Boy ist die Wiederge-
burt des »Wilden«, jenes legendären Anführers der
Motorradrockerbanden aus den fünfziger Jahren, der
damals von Marlon Brando verkörpert wurde. Es ist
eine Figur, die herausgerissen aus Raum und Zeit eine
ferne Erinnerung beschwört: die Inkarnation eines Mythos.
Die auf eine Mauer gekritzelte Inschrift »Der Motorcycle Boy regiert« macht auf schmerzliche Weise deut-
lich, daß die verheißungsvollen Tage des Aufbruchs zu
den neuen Freiheiten des ungezügelten Rockerlebens
unwiderruflich vorbei sind; jene aufsässige Zeit, in der
die Gang auf ihren heißen Öfen über die Highways
donnerte und wie ein Hornissenschwarm in ein kalifor-
nisches Dorf einfiel, um die braven Bürger zu er-
schrecken.
Motorcycle Boy sitzt zwar immer noch auf seiner

schweren Maschine, er gibt auch noch einmal Gas, führt aber keine Gang mehr an. Er ist ein ausgebrannter Guru, ein König ohne Reich, orientierungs- und hoffnungslos, und man weiß nicht, weshalb er eigentlich aus Kalifornien zurückgekehrt ist.

Mickey Rourke spielt diesen »Motorradmann« mit Vitalität und Melancholie, lässig, reflektiert wie einen Gott von einem anderen Stern. Diese Welt auf Abbruch kann ihm keine Überraschungen mehr bieten, scheint sein abwesendes Lächeln zu sagen.

Der Titel des Films ist metaphorisch zu verstehen. Es handelt sich um siamesische Kampffische, die sich gegenseitig töten und dabei so weit gehen, sogar ihr eigenes Spiegelbild zu attackieren. So weit ist es auch mit den Rockerbanden gekommen, sie schockieren nicht mehr das Establishment, sondern prügeln sich nur noch untereinander. Der geringste Anlaß genügt, um sich gegenseitig an die Kehle zu springen und zu zerfleischen.

Auch stilistisch entfernt sich *Rumble Fish* vom harten Realismus der Rockerfilme der fünfziger Jahre. Wolken ziehen dramatisch über den Himmel, im Zeitraffertempo wird es Nacht. Rusty James spielt mit seinen Freunden Billard, streift durch die Außenbezirke der Stadt und trifft im Schulbus Patty, die er küßt.

Später schlafen sie in der elterlichen Villa des Mädchens, es ist die Nacht vor dem Bandenkrieg, in dem Rusty James durch einen Messerstich verletzt werden wird. Sein Bruder, Motorcycle Boy, rächt Rusty James

Matt Dillon und Mickey Rourke *(Rumble Fish)*

und schleudert sein Motorrad gegen den Angreifer.
Die Banden ziehen sich vor der Polizei zurück. Nach
dem Kampf versorgt Motorcycle Boy in der Slumwoh-
nung die Wunden von Rusty James und erzählt ihm
von Kalifornien.

Die heroinsüchtige Cassandra, früher die Freundin von Motorcycle Boy, sagt dessen Ende voraus. Die beiden Söhne unterhalten sich lange mit ihrem Vater, einem hoffnungslosen Alkoholiker. Rusty James wird von der Schule gefeuert und verliert später auch seine Arbeit.

In einem düsteren Hinterhof gerät Rusty James mit einem Freund in einen Hinterhalt, sie werden von Drogenfreaks überfallen und zusammengeschlagen. Motorcycle Boy greift im letzten Moment ein und schlägt die Gangster in die Flucht. Rusty James hat während des Kampfes Halluzinationen, sein Körper schwebt durch die Lüfte zu Patty, die um ihn weint.

Nachdem sie von einer wüsten Sexorgie in einer Villa erfahren hat, an der auch Rusty James beteiligt war, wendet sich Patty von ihm ab und flirtet im Billardsalon mit einem anderen Bandenmitglied. Der Motorradmann beobachtet immer wieder fasziniert die siamesischen Kampffische im Aquarium einer Tierhandlung, er ist von der Idee besessen, daß die Fische nicht mehr miteinander kämpfen würden, wenn man sie in der »Freiheit« eines Flusses schwimmen ließe. Motorcycle Boy dringt mit seinem Bruder nachts in die Tierhandlung ein; bei dem Versuch, die Fische »zu befreien«, wird er von dem Polizisten Patterson ohne Vorwarnung erschossen. Rusty James trägt die Fische zum Fluß. Später fährt er ans Meer.

In *Rumble Fish* spielt Mickey Rourke nach *Diner* eine weitere tragende und tragische Hauptrolle. Es ist eine Rockerballade in Schwarzweiß – nur die Kampffische leuchten in Rot und Blau –, eine artifizielle Streetfigh-terstory von künstlich-klassischem Format, die sich vom Realismus der fünfziger Jahre und der Schwarzen Serie entfernt hat. Die Kampfszenen der Gangs erin-nern mehr ans Ballett als an eine Schlägerei, es gibt sonnenlose Tage im Sommer, schnell vorbeiziehende Wolken, surreale Traumsequenzen; die harte Schwarz-weiß-Fotografie erzeugt intensive Stimmungen und Emotionen. Der Film philosophiert über die Zeit und reflektiert eine versunkene Epoche.

Zu Marlon Brandos Zeiten galt ein Rockeranführer noch als echter Held, als ein lebendiges Idol. Doch seit die Kids zur Spritze greifen, sind die Banden innerlich zerfallen, arbeiten viele nur noch als Einzelkämpfer, hat sich der Konflikt zwischen aufmüpfiger Jugend und festgefahrenem Establishment in weißem Heroin-schnee verflüchtigt.

Stimmen:
»Zwischen den Trümmern des alten Kinos wandern die Menschen ruhe- und ziellos hin und her, meist eiligen Schritts, als hätten sie etwas zu versäumen.«

Peter W. Jansen, FRANCIS FORD COPPOLA,
München, 1985

»... ungeniert schwelgt Coppola in den scharfen Kon-trasten des deutschen Expressionismus, in existentieller Angst, in Dada-Bildersprache und Cocteauscher Sym-bolik.«   Barbara von Ihering, DER SPIEGEL, 34, 1984

Der Pate von Greenwich Village
Village Dreams

USA – 1983 – 121 Min. – R: Stuart Rosenberg. B: Vincent Patrick. K: John Bailey. M: Dave Grusin. D: Eric Roberts (Paulie), Mickey Rourke (Charlie), Daryl Hannah, Geraldine Page, Kenneth McMillan.

Ein Mafia-Melodram aus der Sicht der kleinen Ganoven, die zwischen Himmel und Hölle hängen und nirgendwo ein Bein auf die Erde kriegen, weder beim großen Coup noch im »normalen« bürgerlichen Milieu. Der Film spielt in Little Italy, dem italienischen Kneipenviertel von New York; zwei halbseidene Ganoven setzen sich bei ihrem Versuch, auch einmal an das große Geld zu kommen, zwischen alle Stühle; von der Mafia und der Polizei zugleich gejagt, explodiert diese triste Manhattan-Story wie ein gewalttätiges Knallbonbon.
Charlie (Mickey Rourke) liebt Maßanzüge vom Feinsten, elegante Lackschuhe und die Gymnastik-Trainerin Diane. Er hat alle fünf Sinne beisammen und könnte es durchaus zu etwas bringen, wäre da nicht sein Kumpel und Cousin Paulie, ein großmäuliger Tolpatsch und Pechvogel, der ihn durch seine unkontrollierten Handlungen, mit denen er ans schnelle Geld zu kommen hofft, immer wieder mit in den Schlamassel reißt. Als sie endlich das geplante große Ding durchziehen und sich der Tresor als ebenso schwach gesichert wie prall gefüllt herausstellt, hat das ganze Unternehmen

Der Ganove und seine Liebste. Mickey Rourke und Daryl Hannah
(Der Pate von Greenwich Village).

einen einzigen kleinen Haken: Das geraubte Geld
stammt von Eddie, dem Mafiaboß von Greenwich
Village, der damit die Bullen schmieren wollte.
Der Film zeichnet behutsam und detailgenau das
Lokalkolorit der schäbigen kleinen Kneipen und Seiten-
straßen, der billigen Läden und windigen Verhältnisse
eines New Yorker Stadtviertels.
Die in dezenten Brauntönen gehaltenen Bilder belich-
ten die Porträts zweier kleiner versnobter Schwindler
zwischen Alltagsmief und Angeberei, zwischen Hoffnungen und zerronnenen Wunschträumen. Zwei erfrischende Figuren, deren lockerer Witz nie Larmoyanz

oder falsche Tragik aufkommen läßt. Daneben ist es aber auch die Geschichte einer Freundschaft, die über alle Kurzschlüsse, Pannen und Niederlagen hinweg Bestand hat. Eric Roberts spielt dabei mehr den Hektiker und Überflieger, Mickey Rourke den coolen Möchtegern-Mafioso, der die Aufsässigkeit des geborenen Verlierers mit Lakonie und Gelassenheit nimmt.

Der Film ist kein Tanz auf dem Vulkan wie Martin Scorceses Gewaltstudie »Hexenkessel«, sondern ein kleines Mafia-Melodram aus den Niederungen des Milieus, bei dem jederzeit die tödliche Spannung eines latent gewalttätigen Klimas spürbar bleibt.

Stimmen:

»Kein Zweifel, Stuart Rosenbergs Film hat Charme. Statt sich gehetzt um Dramatik zu bemühen, läßt er die Handlung sich wie von selbst entwickeln, riskiert er Seitenblicke, mischt die Genres... und findet immer noch Zeit, liebenswerte Randepisoden einzubauen.«

TIP, Berlin 3/85

Im Jahr des Drachen
Year of the Dragon

USA 1985 – 134 Min. – R: Michael Cimino. B: Oliver Stone, Michael Cimino (nach einem Roman von Robert Daley). K: Alex Thomson. M: David Mansfield. Sch: Francoise Bonnot. D: Mickey Rourke (Stanley White), John Lone (Joey Tai), Ariane (Tracy Tzu), Leonard Termo (Angelo Rizzo), Ray Barry (Louis Bukowski), Caroline Kava (Connie White), Eddie Jones (William McKenna), Joey Chin (Ronnie Chang), Victor Wong (Harry Yung).

Eine Drachenfratze springt ins Bild. In einem farbenprächtigen Umzug in Chinatown, New York, feiert man den Beginn eines neuen chinesischen Kalenderjahrs. Ein greises Oberhaupt des Clans wird erstochen, im nächsten Bild marschiert ein Trauerzug durch die Straßen.
Ciminos grandioses Panorama über die Triaden in der Weltmetropole beginnt blutig, mit einem Paukenschlag. Eine Geschichte kommt in Gang, in der von der ersten bis zur letzten Einstellung eine latente Gewalt virulent bleibt, die sich immer wieder in blutigen Aktionen entlädt.
Der Held des Films, Captain Stanley White, ist ein hochdekorierter Detektiv der New Yorker Polizei, der vietnamgeschädigt von dem Gedanken besessen ist, die »gelbe Mafia« zur Strecke zu bringen. Er ist ein Ekel

Seit Captain White den Bezirk Chinatown übernommen hat, gibt es dort täglich Razzien (Mickey Rourke in der Mitte mit Hut in *Im Jahr des Drachen).* Überfall auf das Restaurant »Goldener Drache«. Mickey Rourke und Ariane *(Im Jahr des Drachen).*

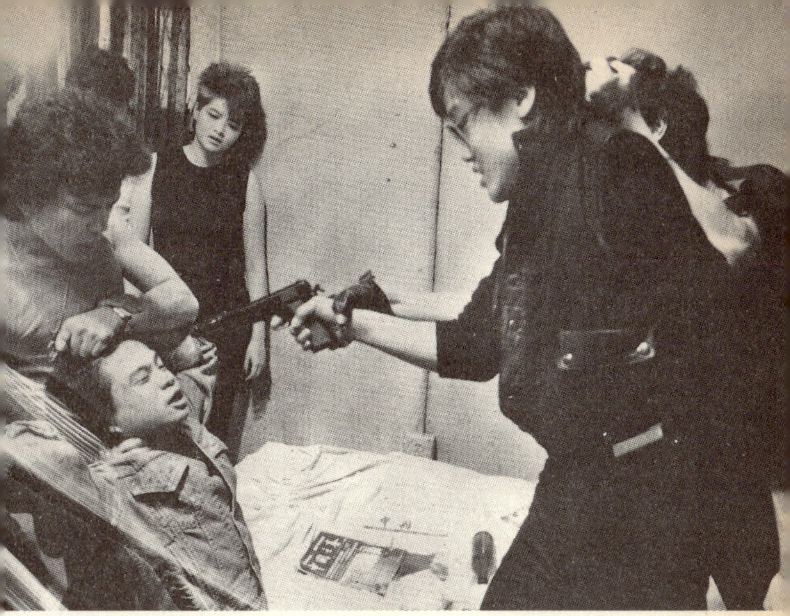

Jugendliche Banden in Chinatown werden von dem Paten zu
Morden angestiftet *(Im Jahr des Drachen)*.
Die beiden Hauptkontrahenten White (Rourke) und Joey Tai (John
Lone) in *Im Jahr des Drachen*.

von einem Typ, selbstgerecht, überheblich, gewalttä-
tig, aber auch einer, der an seinem eigenen Trauma
leidet. Er kämpft einen Kampf gegen Windmühlenflü-
gel, für eine Gerechtigkeit, die nur in seinem Kopf, als
fixe Idee, existiert. »Wenn ich aufgebe«, glaubt er,
»gibt das System auf.« Eigentlich ist White Pole – er
hieß früher Wyschinski –, doch er meint ein besserer
Amerikaner sein zu müssen als die anderen. Whites
Gegenspieler ist Joe Tai, ein cleverer junger Mann der
ehrenwerten Gesellschaft von Chinatown. Er ist einer
der führenden Köpfe der chinesischen Mafia und will,
durch Intrigen an die Macht gekommen, sich mit der
alten Ordnung nicht zufrieden geben. Tai ist ein Spiegelbild Whites, aber auch er scheitert an dem Versuch,
die weisen alten Männer übertölpeln zu wollen.
Der große mythisch überhöhte Showdown am Ende
auf einer Brücke visualisiert noch einmal das Thema auf
eindrucksvolle Weise; der Chinese und der Pole, stell-
vertretend für die Minderheiten, tragen den Kampf um
den amerikanischen Traum aus.
Whites schöne Geliebte, die Chinesin Tracy Tzu, versucht als ausgebuffte TV-Journalistin die Verhältnisse
mit ihrer Kamera auszuleuchten, bleibt aber an der
glänzenden Oberfläche der Dinge hängen. Cimino hat
dafür eine berauschende Metapher gefunden: Nachdem sich White und Tracy geliebt haben, macht die
Kamera von ihrem Loft aus einen langen Panorama-
schwenk über die in nächtliches Blau getauchte Silhou-
ette von Manhattan.

Stimmen:

»Cimino... hat in White ein Abziehbild der sozialen Problematik der Minderheiten entworfen, das zeigt, wie sich die Kluft zwischen Anspruch und Wirklichkeit als Riß durch das Individuum zieht.«

Michael Athen, SÜDDEUTSCHE ZEITUNG, 15.05. 1986

»Ein kunstvoll produzierter Gangsterfilm, der nicht eine Minute langweilt, komponiert aus exzessivem Verhalten, einer Sprache und visuellen Effekten, die... einen eigenen hypnotischen Reiz ausüben.« NEW YORK TIMES

9 1/2 Wochen
9 1/2 Weeks

USA 1985 – 117 Min. – R: Adrian Lyne. B: Patricia Knop, Zalman King (nach dem Roman von Elizabeth McNeill). K: Peter Biziou. M: Jack Nitzsche. D: Mickey Rourke (John), Kim Basinger (Elizabeth), Margret Whitton (Molly), Karen Young (Sue), David Margulies.

Mickey Rourke heißt in diesem Film John und verkörpert einen Börsenmakler. Er trägt blütenweiße Hemden, dunkle Jacketts oder Mäntel und lächelt sein Ladykillerlächeln. Er scheint beherrscht, überlegen, immer Herr der Situation.
Er hat gelernt, daß das Leben ein Gedränge ist, ein

Stoßbetrieb, und diese Erkenntnis positiv für sich umgesetzt. Als ihn seine Freundin fragt, was er tut, antwortet er, er kaufe und verkaufe Geld. Das sei für ihn Leben. Er repräsentiert den Typ jenes aalglatten Yuppies, der sich inzwischen überall breitmacht. Sein Feuer hat die Temperatur eines Laserstrahls, es leuchtet kalt und fern. Ein elektronischer Blitz.

Die erste Irritation entsteht beim Blick in seinen Kleiderschrank. John besitzt nur weiße Hemden und dunkle Anzüge, erste Hinweise auf seine zwanghafte Persönlichkeitsstruktur.

Der Film beginnt lebhaft, mit Straßenszenen in halbnahen Einstellungen, Musik, Gedränge. Eine junge Blondine mit Schmollmund (Kim Basinger) aus einer Kunstgalerie mit ihrer Freundin beim Einkauf in einem chinesischen Laden. Tote Fische und Vögel, erste Symbole von Grausamkeit, Gewalt. Dann taucht das Gesicht eines Mannes aus der Menge auf, ein Blickflirt beginnt. Daß John die attraktive Frau am nächsten Tag auf einem Flohmarkt in Manhattan wiedersieht, ist allerdings kein Zufall mehr. Er umwirbt die Kunsthändlerin spontan, wie es aussieht, mit originellen Einfällen. Und sie fällt auf ihn herein. Ihrer Freundin gesteht sie, daß sie ihn nicht durchschaut.

Zuerst versucht er sie auf dem Hausboot eines Freundes zu verführen. Mit salopper Selbstverständlichkeit breitet er ein frisches Laken auf dem Bett aus, doch Elizabeth widersteht — noch. Für John war es der Beginn eines Spiels.

Er schickt ihr immer wieder Blumen in die Galerie, und beim nächstenmal geht die Versuchsanordnung einen Schritt weiter. John fragt, ob er ihr die Augen verbinden darf, ein Spiel, das großes Vertrauen voraussetzt und in dem die Frau dem Mann völlig ausgeliefert ist. Zwischen John und Elizabeth entsteht eine Bindung besonderer Art, sie gestaltet sich zu einer raffiniert inszenierten *amour fou*, in der die Frau das Opfer der bizarren Lust-Spiele des Mannes wird. Bei diesen sexuellen Triebübungen entfaltet der Film einen großen Einfallsreichtum. In Johns ultramodernem High-Tech-Ambiente vor der Skyline Manhattans kann Elizabeth nur zum Objekt exhibitionistischer Männerphantasien werden. Denn als Liebhaber ist John zugleich ein Voyeur, der den Körper der Frau mit Blicken vergewaltigt, aber auch wie ein Instrument bedient. Er braucht dazu Gegenstände, um den Körper in eine erotische Landschaft zu verwandeln. Ein Eiswürfel auf der nackten Haut gewinnt ein lustvoll-perverses Eigenleben, er erschreckt unschuldige Brustwarzen, reizt Körperhügel und -täler, und sondert einen Wassertropfen ab, der in den Bauchnabel rollt.

Noch ausgefallener ist das Spiel mit Früchten und anderen Speisen, die John Elizabeth bei geschlossenen Augen auf die Zunge legt: Kirschen, Erdbeeren, Himbeergelee, dazwischen eine Peperoni; Milch läuft ihr über die Wangen, John bespritzt sie mit Fruchtsäften und träufelt ihr Honig auf Zunge und andere Körperteile, ehe er lüstern die eigene Zunge einsetzt.

Einer der Höhepunkte dieser neuneinhalb Wochen dauernden Lovestory ist eine sexuelle Vereinigung auf einem Wasserturm im Regen, bei der sich hinter den Liebenden ein riesiges Räderwerk dreht. Die Montage aus Körpern und Maschinenteilen wirkt wie ein avantgardistisches Kunstwerk. John läßt sich immer neue Spielarten einfallen. In der Börsenbar in Wallstreet provozieren die beiden die Besucher durch gegenseitige sexuelle Handgreiflichkeiten, ein andermal muß sich seine Freundin mit Anzug, Bart und Hut verkleiden und das Publikum eines Nobel-Restaurants schockieren, als John sie knutscht und ihr die Perücke abzieht. John ist ein Monstrum, sein sympathisch böses Lächeln ist kindisch und kaschiert seine Grausamkeit. Er ist ein unheimlicher Erotomane, der seine Machtgier durch die Geilheit bedingungsloser Unterwerfung befriedigt – letztlich aber unterliegt, als er in seinem sadistischen Spiel zu weit geht und Elizabeth zu tief verletzt. Sie befreit sich aus seinem magischen Bann, und er bleibt leer zurück, unfähig zu begreifen, was er zerstört hat. Eine moderne Kino-Romanze, die Wärme und Sensitivität vermissen läßt, die den morbiden Gruftgeruch des Todes ausströmt, aber für eine besondere Fangemeinde inzwischen zum Kultfilm avanciert ist.

Stimmen:
»Sado-Erotik als parfümierte Zellophanpackung aus der Drogerie – das ganz neue Trieb-Design.«

Ponkie, DIE ABENDZEITUNG, München, 24. 4. 1986

»Spätestens hier merkt der Zuschauer, daß die glatte Ästhetik... alles andere als affirmativ ist, sondern vielmehr Mittel, um den gigantischen Schwindel dieser Scheinwelt am Schluß um so wirkungsvoller in der Brüche gehen zu lassen.«
    Andreas Friedemann, MÜNCHER MERKUR, 7. 5. 1986

Angel Heart
Angel Heart

USA 1987 – 113 Min. – R, B: Alan Parker (nach einem Roman von William Hjortsberg). K: Michael Seresin. M: Trevor Jones. Sch: Gerry Hambling. Design: Brian Morris. D: Mickey Rourke (Harry Angel), Robert DeNiro (Louis Cyphre), Lisa Bonet (Epiphany Proudfoot), Charlotte Rampling (Margret Krusemark), Michael Higgins, Brownie McGhee, Elizabeth Whitcraft, Stocker Fontelieu, Eliott Keener, Charles Gordone.

Die Geschichte beginnt in New York im Jahre 1955. Der heruntergekommene Privatdetektiv Harry Angel erhält den Auftrag, einen verschollenen Nachtclub-Sänger zu suchen; sein Name ist Johnny Favorite (in der deutschen Fassung heißt er »Liebling«). Angels Klient ist ein gewisser Louis Cyphre, ein feiner bärtiger

Herr im schwarzen Anzug mit bohrendem Blick und krallenartigen Fingernägeln. Schon diese mysteriöse Eröffnungsszene verheißt nichts Gutes.

Angel beginnt seine Nachforschungen in jener psychiatrischen Klinik, aus der Johnny 1943 spurlos verschwand. Er soll angeblich an einem Kriegstrauma gelitten haben.

Angel stößt bei dieser Recherche auf den heroinsüchtigen Arzt Dr. Fowler, der Johnny damals gegen Bestechung auslieferte. Und schon bleibt das erste Opfer auf der Strecke: Dr. Fowler.

Harry Angel ist entsetzt über diesen Toten, und er will aus dem Fall aussteigen, aber – es geht nicht. Nicht nur, daß ihm Cyphre ein höheres Honorar anbietet, irgendwie handelt Angel plötzlich wie unter Zwang. Er, der bisher harmlose Fälle wie Ehescheidungen oder Versicherungsbetrug bearbeitete, spürt, wie ihm die Geschichte mit der grausigen Leiche über den Kopf wächst.

Ein seltsames Paar am Strand von Coney Island gibt dem Detektiv weitere Hinweise in einer Szene, in der Angel mit einem grotesken Nasenschutz bösartig verfremdet aussieht. Die blutige Spur führt den Schnüffler nach New Orleans, wo er auf die Wahrsagerin Krusemark trifft, die bald nichts mehr sagen wird, den Gitarristen Toot Sweet und ein dunkelhäutiges junges Mädchen mit dem Namen Epiphany, was soviel wie Erscheinung heißt.

Margaret Krusemark ist die frühere Geliebte von

Mickey Rourke als schmuddeliger Privatdetektiv Harry Angel wird vom Verfolger zum Verfolgten *(Angel Heart).*

Johnny Favorite, sie behandelt Angel merkwürdig distanziert und setzt ihn vor die Tür, als er zugibt, gar kein Horoskop von ihr zu wollen, sondern Details aus ihrer Vergangenheit. Angel hat bei ihrem Anblick ein merkwürdiges Déjà-vu-Gefühl, als würde er einen Blick in jene mystische Welt tun, in die ihn dieser »Fall« führt.

Bis zu diesem Zeitpunkt hat der Film in leisen Passagen seine besten Momente, hält er den Zuschauer auf subtile Weise in Atem, obwohl sich bei den Recherchen eigentlich keine konkreten Ergebnisse einstellen. Doch das Ungewisse bleibt spannend für sich, seltsame Symbole und Bilder tauchen unvermittelt auf, auch Erinne-

111

rungsfetzen, Zeichen. Ein langsam sich drehender Ventilator, das rot erleuchtete Fenster in einer dunklen nächtlichen Häuserfassade, eine Straßenszene aus dem New York von 1943, abgeschnittene Hühnerbeine, ein lautlos abwärts gleitender vergitterter Fahrstuhl; untermalt wird das Geschehen durch dunkle rhythmische Orgeltöne und den heftigen Pulsschlag des Herzens.

Dann treibt die Geschichte in schockartigen Bildern auf ihr Ende zu, folgen die blutigen Horroreffekte immer rascher aufeinander. Der Detektiv wird Zeuge nächtlicher Voodoo-Zeremonien, an denen Epiphany und der Gitarrist beteiligt sind. Der Körper und das weiße Kleid des Mädchens werden in Hühnerblut getaucht.

Angel findet die Wahrsagerin tot am Boden ihrer Wohnung liegend, mit aufgeschlitztem Körper, das Herz herausgerissen. Harry Angel droht allmählich den Verstand zu verlieren. Zwischendurch schildert er Cyphre, der aussieht, als hätte er es nicht anders erwartet, die unbegreiflichen Ereignisse. Der Gitarrist stirbt – und jedesmal ist Angel verdächtig, war er als letzter am Tatort. Die Polizei verhört ihn, wird mißtrauisch.

Die Begegnung mit Epiphany bringt für Angel die Erleuchtung, die Offenbarung des grausig-übersinnlichen Geheimnisses. Während eines stürmischen Liebesaktes tropft plötzlich nicht mehr Regenwasser, sondern Blut von der Zimmerdecke, Blut rinnt von den Wänden, im Rhythmus des Koitus erscheinen Angel alle blutigen Ereignisse noch einmal; Blutschande ist auch die letzte Tat, zu der Cyphre, eigentlich Luzifer,

Beim Liebesakt mit der dunkelhäutigen Epiphany (Lisa Bonet) offenbart sich ein grausig-übersinnliches Geheimnis.

den Engel anstiftet. Denn Epiphany ist, wie sich herausstellt, die Tochter Angels und seiner Ex-Frau Evangelie Proudfoot, die Angel in New Orleans vergeblich suchte. Am Ende stürzt die Konstruktion des Films zusammen wie ein billiges Kartenhaus.

Faustlegende als Detektivstory: Angel (Faust), in Wahrheit Johnny, hatte 1943 mit einem Mord dem

Teufel (Louis Cyphre/Luzifer) seine Seele verschrieben, und nun fordert dieser die Abrechnung, zwingt ihn zu den Personen seiner Vergangenheit zurück.

Es regnet Blut in diesem übersinnlichen Thriller, in dem Alan Parker manieriert und mit formaler Brillanz versucht, zwei Genres zu kombinieren: den teuflischen Religionsschocker mit magischen Zeichen und den schäbigen Detektivfilm der Schwarzen Serie.

Harry Angel ist dabei die lausige Kopie von Philip Marlowe, die blutig-spirituelle Karikatur des klassischen Privatdetektivs.

Mickey Rourke spielt ihn mit Brillanz, schwitzend und verlottert durch die Szene torkelnd. Ein unrasierter, abgerissener Typ mit panischer Angst vor Hühnern und Leichen, über die er aber gerade deshalb pausenlos stolpern muß. Er ermittelt in einem teuflischen Fall, in dem er am Ende zu dem schrecklichen Ergebnis kommt, daß er selbst der faustische Täter ist. Und da erst wird die immer wiederkehrende Vision des Fahrstuhls verständlich: Harry Angel ist dabei, zur Hölle zu fahren.

Stimmen:

»Mord in Teufels Namen... Mickey Rourke spielt vergeblich gegen ein unsinniges Drehbuch an, um seiner Figur eine psychologische Tiefendimension und Glaubwürdigkeit zu verleihen.«

Karsten Visarius; FRANKFURTER RUNDSCHAU, 4. 9. 1987

»Nein, mit dem ganzen Teufelszeug konnte ich überhaupt nichts anfangen.«

Mickey Rourke, Interview mit Patrick Roth
in CINEMA 9/87

»Mit seinen abscheulichen Bildern, seiner großartigen Handwerklichkeit und dem faszinierenden Spiel DeNiros und Mickey Rourkes ist dieser Hammett-Chandler-Faust-Verschnitt abstoßend und fesselnd zugleich.«

D. Byrge in THE HOLLYWOOD REPORTER vom 2. 3. 1987

»Es gibt genug Religionen in der Welt, damit Menschen einander hassen können, aber nicht genug, einander zu lieben.«

Alan Parker im Interview mit Angie Bullinger in
ABENDZEITUNG vom 3. 2. 1987

Auf den Schwingen des Todes
A Prayer for the Dying

GB 1987 – 108 Min. – R: Mike Hodges. B: Edmund Ward (nach einem Roman von Jack Higgins). K: Mike Garfath. M: Bill Conti. Sch: Peter Boyle. D: Mickey Rourke (Martin Fallon), Bob Hoskins (Da Costa), Alan Bates (Jack Meehan), Sammi Davis (Anna), Christopher Fulford (Billy), Alison Doody (Siobhan), Liam Neeson (Liam Docherty).

Die Szene beginnt in Nordirland, auf einem freien Feld. Zwei Angehörige der IRA, der Irisch-Republikanischen Armee, inszenieren ein Attentat auf britische Militärs. Und sprengen dabei versehentlich einen vollbesetzten Schulbus in die Luft. Einer der beiden Terroristen, ist Martin Fallon (gespielt von Mickey Rourke). Nach diesem Ereignis weiß er endgültig, daß er nicht mehr weitermachen kann.

Martin Fallon (Mickey Rourke) als IRA-Kämpfer wird Zeuge, wie versehentlich ein Schulbus in die Luft fliegt; danach steigt er aus der Organisation aus *(Auf den Schwingen des Todes)*.

Der Todesengel führt seinen letzten Auftrag aus. Aber es gibt einen Zeugen – den Priester *(Auf den Schwingen des Todes).*

Er versucht auszusteigen und flüchtet nach London, um sich zu verstecken und dann mit einem ausländischen Paß zu fliehen. Seine Freunde von der IRA fürchten, daß Fallon zur Gegenseite überlaufen könnte, und versuchen ihn mit allen Mitteln zur Rückkehr zu bewegen. Gleichzeitig bekommt Fallon ein Angebot des Gangsterbosses Meehan, noch einen letzten Auftrag für ihn auszuführen; da sich Fallon weigert, hetzt Meehan die Polizei auf ihn.

Damit ist der einsame IRA-Kämpfer zwischen alle Fronten geraten. Von der Polizei und den eigenen Leuten gehetzt, geht der todgeweihte Held schließlich auf den

Zwischen dem Terroristen und dem Priester entwickelt sich ein seltsames Vertrauensverhältnis (Mickey Rourke und Bob Hoskins in *Auf den Schwingen des Todes*).

Vorschlag ein, »es« noch einmal zu tun. Ein Priester wird Zeuge des Mordes, und nun verlangen die Gangster, daß Fallon auch ihn beseitigt, doch der IRA-Mann weigert sich; der des Tötens Müde weiß ein besseres Mittel, das dem Gottesmann den Mund verschließt — er beichtet. Aus der Beziehung zu dem Geistlichen entwickelt sich schließlich eine ganz besondere Art von Freundschaft, die über den Tod hinausgeht.

Rourke als müder IRA-Kämpfer ist bereits von der ersten Einstellung an ein Gezeichneter. Er hat alles hinter sich und alles verloren, seine Ziele, Ideale, seinen Glauben an die Menschen und seine Identität. Eine

Der ehemalige Terrorist trifft das blinde Mädchen (Sammi Davis und Mickey Rourke in *Auf den Schwingen des Todes*).

große Rolle für Rourke, der in Parka, verlotterten Klamotten, mit Backenbart und rötlich verklebtem Haar die Charakterstudie eines verlorenen Killers abliefert, eines Mannes, der bis zuletzt die vibrierende Gewalttätigkeit und Brutalität, die sein Leben bestimmt, zu vermitteln weiß.

Der in Blautönen unterkühlt inszenierte Politthriller ist ein spannender Reißer. Er spiegelt die innere Zerrissenheit seines Protagonisten wider und ist angereichert mit Metaphern und Todessymbolen.

Der Film löste allerdings bei seiner Aufführung eine Kette von gegenseitigen Angriffen aus. IRA-Freund

Findet der Killer kurz vor seinem Tod doch noch zu Gott? (Mickey Rourke in *Auf den Schwingen des Todes*).

Rourke attackierte den Studio-Boss Samuel Goldwyn jr., die Geschichte zu einem IRA-Rambo-Reißer mißbraucht zu haben, Regisseur Mike Hodges mißfiel das von Goldwyn angeordnete verlangsamte Schnitt-Tempo, Produzent Peter Snell reagierte auf die Vorwürfe mit einer Liste von Gegendarstellungen in dem Fachblatt VARIETY.
Für Romanautor Jack Higgins ging es allerdings nicht in erster Linie um Pro oder Kontra IRA, sondern um das grundsätzliche Problem politisch motivierter Gewalt. Inwieweit sie moralisch immer anfechtbar bleibe und die revolutionären Ideen pervertiere, sei sein Thema gewesen, behauptete Higgins, der sich letztlich vor das Werk stellte und die Verfilmung seines Buches als gelungen bezeichnete.

Stimmen:
»Was bleibt, ist nichtsdestotrotz ein fesselndes... Stück Action-Kino. Hodges nämlich erzählt die blutige Moritat mit traumhaft wirkungssicherem Understatement.«
RHEINISCHE POST, 13. 11. 1987

»Fallon ist ein Mensch, den Gewalt abstößt, gerade weil er sie so lange ausgeübt hat... Es hat lange Zeit gedauert, bis er an dem Punkt anlangte, an dem ihn der Zuschauer kennenlernt... Da opfert man sein Leben für eine bestimmte Sache, es werden nur kleine Siege errungen, aber der Krieg geht unaufhörlich weiter – so ähnlich sehe ich Hollywood.« (MICKEY ROURKE)

Barfly
Barfly

USA 1987 – 103 Min. – R: Barbet Schroeder. B: Charles Bukowski. K: Robby Müller. M: Mozart, Skrjabin,, Händel, Beethoven. D: Mickey Rourke (Henry Chinaski), Faye Dunaway (Wanda Wilcox), Alice Krige (Tully Sorensen), Jack Nance, Frank Stallone.

Mickey Rourke spielt den Schriftsteller Henry Chinaski, eine grenzüberschreitende Figur zwischen Suff und Gosse, zerlumptem Poet und verkrachtem Genie.
Chinaski hat nichts zu verlieren, denn er hat nie etwas besessen, keine Frau, keine Kinder, keine Eltern – er ist das sprichwörtliche »motherless child«. Er erinnert sich an nichts, vielleicht gerade an das, was er so zwischen sternhagelvoll und sturzbetrunken auf irgendwelche Zettel kritzelt.
Er verbringt seine Tage und Nächte am »Goldenen Horn«, irgendwo in der abgetakelten Kneipengegend der Geschlagenen am Rande von Los Angeles. Hier in diesem Niemandsland provoziert er immer wieder eine Schlägerei mit dem arroganten Barkeeper Eddie, die auch einmal blutig und mit eingeschlagenen Zähnen endet. Das verlotterte Trinkerpublikum spendet matten Beifall und geht dann zur Tagesordnung am Tresen über.
Aber da gibt es am anderen Ende der Theke noch Wanda, eine Frau mit hohen Backenknochen und einer

Mickey Rourke als »Barfliege« Henry Chinaski, ein versoffenes Genie *(Barfly)*.

Spur Hochmut im Gesicht, mehr aber gezeichnet von den Spuren des Alkohols, eine »Verrückte« mit Stil, eine, die sich trotzdem schminkt und immer noch mit Würde aufrechthält.

»Ich kann keine Menschen ertragen«, sagt Wanda bei ihrer ersten Begegnung, als Chinaski sich neben sie setzt, »und was tun Sie?«

»Ich trinke«, antwortet Henry.

Sie gehen zusammen nach Hause, und Chinaski behauptet: »Keine Angst, mich hat noch nie jemand ge-

Wanda (Faye Dunaway) teilt mit dem ewig betrunkenen Dichter
Bett und Whisky *(Barfly)*.

liebt«, aber dann entwickelt sich doch etwas zwischen
ihnen. Vor allem verbindet sie der Whisky, wenn sie
nebeneinander im Bett liegen, vermutlich aber doch
mehr.
Henry Chinaski ist das Alter Ego des nihilistischen
Schriftstellers Charles Bukowski, eines Herumtreibers
und Whiskytrinkers, der seine Tage in der Mülltonne
verbringt. Genauer gesagt – Chinaski ist Bukowski, und
Mickey Rourke spielt diesen *poet maudit*. Charles
Bukowski hat das Drehbuch zu dem Film selbst ge-

schrieben als Reflexion über seine Jugend, eine Zeit, als er so um die fünfundzwanzig und noch unbekannt war und alles werden wollte, nur kein angepaßter Typ mit Familie, Fernseher und monatlichem Angestelltengehalt, um die Zinsen für die Hypothek abzustottern.

Mickey Rourke nimmt einen mächtigen Anlauf, um diesen wüsten Dichter zu leibhaftigem Leben zu erwecken. Ein Stilmittel ist dabei sein Gang, den man im buchstäblichen Sinne des Wortes als umwerfend bezeichnen muß. Er schlurft und taumelt, dreht sich im Kreis, ein Torkler und Holperer, dessen Schritt weit ausgreift, um sich dann im Leeren zu verstolpern, ständig in Gefahr, sich selbst und seine Umgebung aus dem Gleichgewicht zu bringen. So schwankt er, etwas gebeugt wie ein buckliger Quasimodo, durch die Szene, von nimmermüder Energie angetrieben nach dem nächsten Drink, denn »wir sind alle irgendwie in der Hölle«.

Dieser Gang ist hinreißend, grandiose Artistik, die sich aber immer haarscharf am Rande der Zirkusnummer entlangbewegt.

Die sich mit Stil aufrecht haltende Wanda, gespielt von Faye Dunaway, erscheint hier glaubhafter, denn Betrunkene tun üblicherweise genau das Gegenteil von dem, was Mickey Rourke vorführt: Sie versuchen krampfhaft, normal zu gehen, ihr Torkeln zu überspielen.

Ein weiteres Mittel zur Darstellung des verkommenen Anarchodichters steuern Masken- und Kostümbildner bei. Das pausbäckige Grinsen, der Dreitagestoppelbart unter dem strähnigen, leicht gelichteten Haar, das blutgetränkte T-Shirt, der Hüftspeck und die vor Dreck starrenden weiten Unterhosen, in denen er häufig zu sehen ist, das alles zusammen mit Rourkes Körperausdruck ergibt eine Meisterleistung der Verwandlungskunst.

Dieses schlurfende, krumme, aufgedunsene Etwas soll der vor jugendlicher Energie strotzende, elegant morbide Mickey Rourke sein, wie ihn der Zuschauer aus einem Film wie *9 1/2 Wochen* in Erinnerung hat?

Als »Barfliege«, einer Type, die von früh bis spät am Tresen hängt, stehen Rourke eine Menge sprachlicher und gestischer Möglichkeiten zur Verfügung. Er nölt, brabbelt und sabbert vor sich hin und preßt immer wieder »O shit« durch die Zähne. Ein ramponierter Macho, trotzdem hochgemut und ohne Selbstmitleid, immer mit einem schrägen Spruch auf den Lippen, der es mit Charme und Kauzigkeit schafft, auch in der Gosse noch liebenswert zu erscheinen.

Seit Mickey Rourke den Status eines Superstars erreicht hat, tendiert er dazu, in jedem neuen Film die Rolle seines Lebens zu sehen. Und diese große Rolle war die Figur des Henry Chinaski einfach nicht.

Es werden viel Banalitäten ausgetauscht, Pseudotiefsinniges und Kneipenphilosophie, und die Ansätze, zum Wesentlichen vorzustoßen, bleiben doch bescheiden; so sagt die attraktive junge Verlegerin, die Henry endlich entdeckt hat, zu ihm: »Sie sind zwölfmal im

Die nächste Runde auf meine Rechnung! Henrys liebster Platz ist der an der Theke *(Barfly)*.

Gefängnis gewesen, Sie lieben Mozart und Marx, Sie können nicht tanzen, Sie hassen Filme, Sie mögen Avocados und Schopenhauer.«

Das aber reicht nicht aus, um einer Figur tiefere Konturen zu geben. Die existentielle Tragik des Süchtigen wird nicht herausgearbeitet, die Kehrseite der Trinkerseligkeit: Katzenjammer, Kotze und Verzweiflung, das, was sich als Konsequenz aus dieser Existenz herausschälen müßte – der drohende Verfall der Persönlichkeit von einem, der wirklich »durch die Hölle geht«.

Der Film verläßt nie die komödiantisch-märchenhafte Ebene, auf der die Trinkerrituale mit burlesker Heiterkeit durchgespielt werden. Chinaski gewinnt keine Tiefe, er ist das bunte Abziehbild einer bekannten Prototype: der Trinker als Poet, oder der protestierende Schriftsteller als Außenseiter der Gesellschaft.

Auch andere große Darsteller des Hollywoodkinos wie Marlon Brando oder Jack Nicholson sind gelegentlich der Versuchung erlegen, ihre Figuren durch Überchargieren zur Karikatur verkommen zu lassen. Insofern steht Mickey nicht allein mit seinem Problem. Auch er spielt Chinaski alias Bukowski mit weitausholenden Gesten als großen Charakter, ohne einsehen zu wollen, daß er eine Gestalt ohne Schicksal, kein Gezeichneter, von einem unlösbaren Konflikt Zerrissener ist. So bewegt sich Rourke in *Barfly* ständig auf dem schmalen Grat zwischen wirklicher Figur und deren grotesker Überzeichnung als Zirkusclown.

Stimmen:

»Bukowski hat das Drehbuch geschrieben: Szenen aus seinem Leben, Szenen vom Saufen, Prügeln und Schreiben. Der ebenso starke wie wunderschöne Film *Barfly* dürfte den Ruhm dieser Legende zu Lebzeiten nur noch vermehren«. SONNTAGSBLICK

»Tatsache ist, daß Henry immer noch das Beste aus dem Schlechten macht. Ein einzigartiges Filmwerk, das ich nicht missen möchte«. NEW YORK TIMES

128

Homeboy
Homeboy

USA 1988 – 115 Min. – R: Michael Seresin. B: Eddie Cock (nach einer Story von Mickey Rourke). K: Gale Tattershall. Sch: Ray Lovejoy. M: Eric Clapton, Michael Kamen. P: Alan Marshall, Elliot Kastner. D: Mickey Rourke (Johnny Walker), Christopher Walken (Wesley), Debra Feuer (Ruby), Kevin Conway (Graziano), Antony Alda (Ray), Jon Polito (Moe Fingers).

Mickey Rourke ist Johnny Walker, ein abgehalfterter Box-Profi, der seine besten Zeiten hinter sich hat und in einer amerikanischen Kleinstadt an der Westküste für ein paar lumpige Dollar kämpft, um sich über Wasser zu halten und die nächsten Drinks zu finanzieren.
Walker trägt einen Jeansanzug und Cowboyhut und stellt ein verkniffenes Gesicht zur Schau wie jemand, der vor langer Zeit verstummt ist und das Gedächtnis verloren hat. Trotzdem hat er noch irgendwo einen Rest von Wärme in sich. Johnny macht die Bekanntschaft des erfolglosen Nightclub-Entertainers Wesley, der vom großen Geld träumt und sich nach dem Kampf an den Boxer heranmacht. Wesley ist ein großspuriger Aufschneider, der Johnny einredet, daß sie gemeinsam das große Los ziehen könnten. Er versucht den Fighter zur Beteiligung bei einem Überfall zu überreden, doch Johnny Walker lehnt ab.
In Wirklichkeit ist er ein schwer angeschlagener Mann:

Boxprofi Johnny Walker (Mickey Rourke) hat seine beste Zeit längst hinter sich *(Homeboy)*.

Durch die vielen Schläge, die er hat einstecken müssen, leidet er an Seh- und Hörstörungen. Die Diagnose eines Arztes ergibt eine fortschreitende Schädelfraktur, und Johnny darf eigentlich keinen einzigen Kampf mehr bestreiten, da jeder weitere Kopftreffer tödlich sein könnte. Diese Information bekommt jedoch nur Wesley, und er behält sie für sich, um den Boxer für seine Zwecke zu benutzen.

Johnny versucht ein letztes Comeback gegen den Champion
(Homeboy).

Johnny zeigt jedoch mehr Interesse an der kapriziösen Ruby (Debra Feuer), die im Vergnügungspark einen Ponyreitplatz betreibt. Johnny lernt sie kennen, als sie von drei Kerlen angepöbelt wird und er ihr Schutz bietet. Zwischen den beiden entwickelt sich eine märchenhafte Lovestory, die jedoch immer in der Schwebe bleibt.

Das Mädchen ist in Gefahr, seine Ponys zu verlieren, denn das Geschäft auf dem Rummelplatz läuft nicht gut. Johnny will Ruby durch Boxen Geld beschaffen.

Während er verbissen trainiert, um noch einmal gegen den Mittelgewichtschampion Cotton in den Ring zu steigen, läuft parallel Wesleys großer Coup, der Überfall auf ein jüdisches Juweliergeschäft. Dabei scheitert jeder der beiden auf seine Weise.

Ein düsteres Boxer-Melodram, dessen Rhythmus bestimmt ist durch das Hämmern der Schläge, von denen Johnny am Ende immer mehr einsteckt, ehe er blutüberströmt zu Boden geht.

Mickey Rourke sagte dazu, daß dies sein persönlicher Film sei, in dem er bis an den Rand der Selbstzerstörung gegangen sei. Der Star mußte täglich ein hartes Konditionstraining absolvieren, denn er ließ sich für die Kampfszenen nicht doubeln, sondern stieg selbst in den Ring.

Mickey Rourke: »Als ich Boxer war, konnte ich durch den Kampf meine Wut, meinen Haß und meinen Schmerz loswerden. Jeder Schlag, den ich einsteckte, jeder Schlag, den ich austeilte, bedeutete damals für mich: ich werde nicht aufgeben, ihr kriegt mich nicht klein.«

Die Musik zu dieser Story um einen vernarbten, ausgeknockten Helden schrieb und spielte der Stargitarrist Eric Clapton.

Stimmen:
»Kastner, der Produzent, hat mir bisher keinen Pfennig für den Film bezahlt. Aber irgendwann fällt ihm dafür ein Baum auf den Kopf. Und wenn es zehn Jahre dauert, der Baum wird fallen.«   Mickey Rourke

Franziskus
Francesco

BRD/Italien 1989 – 134 Min. – R: Liliana Cavani. B: Liliana Cavani, Roberta Mazzoni. K: Giuseppe Lanci, Ennio Guarnieri. Sch: Gabriella Cristiani. M: Vangelis. D: Mickey Rourke (Franziskus), Helena Bonham Carter (Klara), Paolo Bonacelli (Vater), Andrea Ferreol (Mutter), Nikolaus Dutsch (Kardinal Colonna), Peter Berling (Bischof Guido), Hanns Zischler (Papst), Mario Adorf (Kardinal Ugolino).

Der Film erzählt die Lebensgeschichte des Franz Bernadone, der unter dem Namen Franz von Assisi heiliggesprochen wurde, aus der Rückblende. 1226, nach sei-

Mickey Rourke spielt den Heiligen Franz von Assisi *(Franziskus)*.

nem Tod, ziehen sich die Jünger in ein Feld vor der Stadt zurück und bauen ein Zelt. Jeder von ihnen berichtet von seinen Begegnungen mit Franziskus.

Der Sohn eines reichen Tuchhändlers führte in seiner Jugend ein sinnenfrohes Leben; er feierte üppige Feste mit seinen Freunden, besuchte Bordelle und war allen weltlichen Freuden zugetan. Als die Stadt Assisi mit dem benachbarten Perugia Krieg führt, meldet sich Franz freiwillig als Soldat. In Gefangenschaft erlebt er schreckliche Folterungen, wird allerdings von seinem Vater freigekauft.

Dies ist wohl der Beginn seiner Läuterung. Er will sich den Truppen des Papstes in Apulien anschließen, kommt aber nur bis Spoleto und kehrt wieder nach Assisi zurück. Er will eine alte Kapelle restaurieren und sein Leben den Armen widmen, den Geschlagenen, den Lepra-Kranken.

Sein Vater ist entsetzt, als er bemerkt, daß sein Sohn seine Stoffe verkauft, um mit dem Geld die Kapelle wieder aufzubauen. Er verklagt den Sohn, der gibt dem Vater alles zurück, auch seine Kleider, und zieht nun in Lumpen durch die Stadt. Dort trifft er auch die Heilige Klara, die an die Armen Almosen verteilt, sich über Franz wundert, den sie von früher noch als Lebemann kannte.

In einem mittelalterlichen Bilderbogen von poetischer Kraft entwirft der Film ein Bild der Zeit des Heiligen Franz, seiner Kämpfe und Leiden; er gründet einen Männerorden, in den auch Klara aufgenommen wird,

Franz gründet einen neuen Orden, zu dem auch die Heilige Klara
(Helena Bonham-Carter) gehört *(Franziskus)*.

Ein aufopferungsvolles Leben in Selbstgenügsamkeit und Armut führte der Heilige Franziskus (1181–1226). Die Regeln seines Ordens verbieten jeden privaten Besitz.

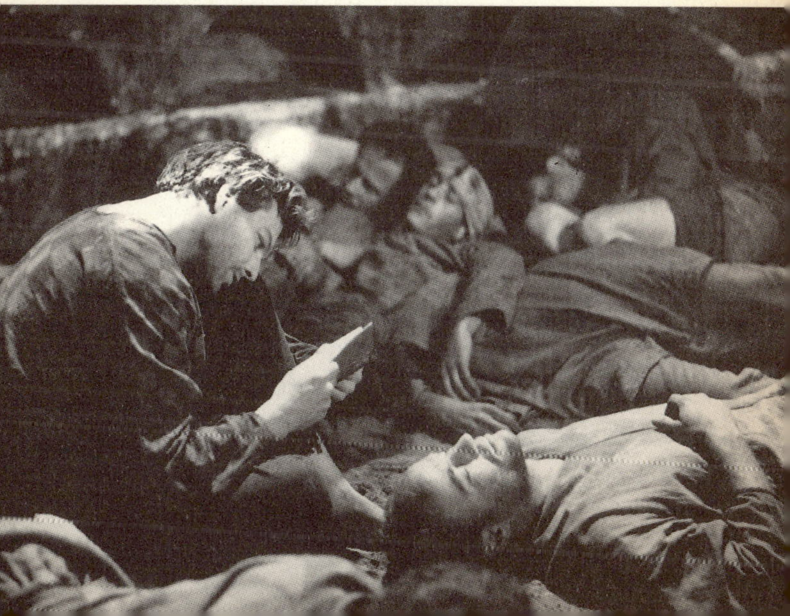

hat eine Audienz beim Papst und schreibt die Regeln seines Ordens auf, die jeglichen privaten Besitz verbieten. Schließlich zieht er sich in die Einsamkeit zurück, in die abgelegene Bergwelt Umbriens, er fastet, kasteit sich, betet und bittet Gott um ein Zeichen. Gott erweist ihm die Gnade, als Franz eines Morgens erwacht, stellt er fest, daß er stigmatisiert ist.

Mickey Rourke sagte zu dem Film, daß er sich wünschte, wie Franziskus leben zu können: »Aber dazu bin ich nicht stark genug.« Liliana Cavani hat damit bereits ihren zweiten Film über Franz von Assisi gedreht: »Ein religiöser Film ist mein Franziskus nicht. Es ist ein Film, der einem religiösen Mann gewidmet ist.« Und: »Die Menschen müssen ein bißchen mehr wie Franziskus werden, wenn sie überleben wollen.«

Stimmen:

»Ein sehr überzeugender Film. Vor allem die Einsamkeit von Franziskus ist wundervoll herausgearbeitet. Rourke spielt seine Rolle phantastisch.«   La Repubblica, Rom

»Demütig gebeugt der Kopf, milde leidend das Lächeln um seine Mundwinkel, führt er zweieinhalb Stunden seine Kutte spazieren.«   Heike-Melba Fendel, Prinz

»Wer nichts mehr hat, der fürchtet sich auch nicht mehr vor Blamage und Peinlichkeiten und hat damit seine Existenzängste überwunden. Das ist trotz einer gewissen Maßlosigkeit ein fesselnder Aspekt«.

Peter Buchka, Süddeutsche Zeitung

Johnny Handsome
Johnny Handsome

USA 1989 – R: Walter Hill. B: Ken Friedman. D: Mickey Rourke, Forest Whitacker, Ellen Barkin, Elisabeth McGovern.

Schauplatz: New Orleans. Johnny ist nicht nur der häßlichste Mann der Stadt, er ist außerdem ein drittklassiger Ganove, der nach einem Überfall von einem miesen Gangsterpaar gelinkt wird. Die beiden nehmen ihm die Beute ab, dabei muß Johnnys bester Freund ins Gras beißen.

Mickey Rourke und Ellen Barkin in *Johnny Handsome*

Von der Polizei in die Mangel genommen, geht Johnny lieber in den Bau, als die anderen zu verpfeifen. Nach einer Messerstecherei im Knast wird Johnny von den Ärzten notdürftig wieder zusammengeflickt; dabei tritt der Verdacht auf, seine kriminelle Veranlagung sei auf sein mißgestaltetes Äußeres zurückzuführen. Eine Reihe plastischer Operationen verwandeln Johnny in den Schönen, wie wir ihn kennen: Mickey Rourke kommt im vollen Glanz zum Vorschein. Vor dem Ende muß Johnny Handsome allerdings eine offene Rechnung begleichen. Für die Gefängnisszenen wurden mehr als hundert Sträflinge als Statisten angeheuert.

Actionspezialist Walter Hill inszenierte dieses düstere Gangstermelodram aus dem heißen Süden in rasantem Tempo. Als Vorlage diente der Roman »Die Drei Welten des Johnny Handsome« von John Godey. Der Film kommt im Februar 1990 in die bundesdeutschen Kinos.

Wild Orchid

USA 1989 – R: Zalman King. B: Zalman King, Patricia Knop. D: Mickey Rourke, Jacqueline Bisset, Carre Otis.

Die melodramatische Psycho-Lovestory mit sado-maso Effekten geht dort weiter, wo *9 ½ Wochen* aufgehört hat. Oder fängt dort wieder an. Diesmal allerdings ohne die Mitwirkung des wasserstoffblonden Kurven-

Jacqueline Bisset und Mickey Rourke in *Wild Orchid*

stars Kim Basinger, die durch zwei neue Lust-Frauen ersetzt wird: Jacqueline Bisset und Carre Otis.
Der Plot ist übersichtlich und klar: Emily kommt gut entwickelt und mit frischem Elan von der Universität, um ihren ersten Job in einem Maklerbüro anzutreten. Dabei stellt sich sofort ein merkwürdig lasziges Verhältnis zu ihrer Chefin ein, die während wichtiger Sitzungen ohne Vorwarnung ihren Rock hochschiebt und die Strümpfe herunterrollt. Kaum ist Emily in diese »Firma« eingetreten, kommt schon eine geschäftliche Weltreise auf sie zu – mit ihrer Chefin muß sie nach Rio de Janeiro fliegen, wo man wie immer im Film gerade Karneval feiert. Ihre Vorgesetzte überläßt sie dann schutzlos dem in Luxus und Voyeurslust schwelgenden unendlich reichen Geschäftsfreund Wheeler, der mit

Emily verstohlene Sexspiele mit Strapsen, in Maske und Männerkleidung veranstaltet. Doch im Gegensatz zu 9 ½ *Wochen* dreht die den erotischen Obsessionen des Mannes ausgelieferte junge Frau den Spieß diesmal am Ende um: Einige Zeit später bei einer zweiten Brasilienreise spielt Emily den aktiven Part und zwingt Wheeler zu Geständnissen über seine ganz und gar verkorkste Jugend und Sozialisation.

Das Drehbuch schrieben wieder, wie schon bei 9 ½ *Wochen*, Patricia Knop und Zalmon King, der diesmal auch Regie führt. Der Film kommt voraussichtlich im Frühsommer 1990 in die Kinos der Bundesrepublik.

Quellennachweise

Bilder

Werner Bachmair
Cinema
dpa
Maro Verlag
Siemoneit

Alle übrigen Bilder mit freundlicher Genehmigung des
Deutschen Instituts für Filmkunde, Frankfurt

Zitate

S. 12:   CINEMA, Hamburg 7/1987
S. 19:   TIP, Berlin 23/1985
S. 20:   STARS PRIVAT, Hamburg 1988
S. 23:   ebda.
S. 24:   ebda.
S. 34:   TIP, Berlin 23/1985
S. 58:   CINEMA, Hamburg 7/1987
S. 66:   ebda.
S. 68:   CINEMA, Hamburg 9/1987
S. 72:   STERN, Hamburg 6. 7. 1989
S. 75:   OBSERVER, 10. 12. 1986
S. 79:   TEMPO, Hamburg 9/1989

Die Biographie eines faszinierenden Musikers!

Als Band mit der Bestellnummer 61037 erschien:

Seit seinem gewaltsamen Tod im Jahre 1980 hat John Lennon nichts von seiner Faszination als Künstler verloren. Seine Songs begeistern noch immer jung und alt und werden von zahlreichen großen Musikern interpretiert.